Ética, educação e trabalho

SÉRIE TEMAS SOCIAIS CONTEMPORÂNEOS

Otávio José Weber

Ética, educação e trabalho

EDITORA
intersaberes

Rua Clara Vendramin, 58 . Mossunguê
CEP 81200-170 . Curitiba . PR . Brasil
Fone: (41) 2106-4170
www.intersaberes.com
editora@editoraintersaberes.com.br

Conselho editorial
Dr. Ivo José Both (presidente)
Dr.ª Elena Godoy
Dr. Nelson Luís Dias
Dr. Neri dos Santos
Dr. Ulf Gregor Baranow

Editora-chefe
Lindsay Azambuja

Supervisora editorial
Ariadne Nunes Wenger

Analista editorial
Ariel Martins

Projeto gráfico
Raphael Bernadelli

Capa
Igor Bleggi

Fotografia da capa
PantherMedia

1ª edição, 2013.
Foi feito o depósito legal.
Informamos que é de inteira responsabilidade do autor a emissão de conceitos.
Nenhuma parte desta publicação poderá ser reproduzida por qualquer meio ou forma sem a prévia autorização da Editora InterSaberes.
A violação dos direitos autorais é crime estabelecido na Lei nº 9.610/1998 e punido pelo art. 184 do Código Penal.

Dados Internacionais de Catalogação na Publicação (CIP)
(Câmara Brasileira do Livro, SP, Brasil)

Weber, Otávio José
Ética, educação e trabalho/Otávio José Weber. – Curitiba: InterSaberes, 2013. – (Série Temas Sociais Contemporâneos).

Bibliografia.
ISBN 978-85-8212-759-9

1. Cidadania 2. Educação – Aspectos morais e éticos 3. Ética 4. Trabalho I. Título. II. Série.

12-13341   CDD-370.114

Índices para catálogo sistemático:
1. Ética, educação e trabalho 370.114

EDITORA AFILIADA

Sumário

Apresentação, XI

(**1**) Compreensão de mundo, 17
    1.1   Características do mundo atual, 20
    1.2   Tempo atual, 23
    1.3   Passado, presente e futuro, 26
    1.4   Conhecimento, caminho de estar e viver no mundo, 29

(**2**) A pessoa humana como fundamento da ética/bioética, 37
    2.1   Conceito de pessoa, 40
    2.2   Consciência humana, 44

2.3 A imagem do corpo, 47
2.4 A pessoa como referência ética, 50
2.5 A pessoa como sujeito da educação, 51

(3) Moral e ética, 55

3.1 Entendimento de moral e ética, 59
3.2 Aprendizagem da moral e da ética, 63
3.3 Relação entre moral e ética, 66
3.4 Indícios da evolução da moral/ética, 69

(4) Ciência e ética, 73

4.1 O *fazer ciência*, a ética e a relação entre eles, 76
4.2 Bioética, educação e trabalho, 82

(5) Liberdade e responsabilidade, 89

5.1 A pessoa como ser livre, 92
5.2 A pessoa como ser responsável, 95
5.3 O que não é liberdade?, 97
5.4 O que é liberdade?, 100

(6) O certo e o errado, o bem e o mal, a verdade e a mentira, 105

6.1 O certo e o errado, 108
6.2 O bem e o mal, 114
6.3 A verdade e a mentira, 118

(7) A escola: ambiente de educação ética, 123

7.1 Aluno e professor: sujeitos da ética, 126
7.2 Tecnologia e ética, 128
7.3 Ética e sociedade, 131
7.4 Aprendizagem da ética, 133
7.5 Educar para a vida, 135

(**8**) O sentido humano do trabalho, 139

    8.1   O sentido objetivo do trabalho, 143

    8.2   O sentido subjetivo do trabalho, 146

    8.3   A dignidade do trabalho, 149

    8.4   O trabalho do fazer pedagógico, 150

(**9**) A linguagem ética, 157

    9.1   Informação e comunicação, 160

    9.2   A linguagem da televisão e da internet educa?, 163

    9.3   A aprendizagem da linguagem ética, 167

    9.4   A ética da fala do professor, 170

(**10**) Educação em valores, 175

    10.1   Concepção de valores, 178

    10.2   O professor: educador ético, 184

    10.3   O professor: educador para o trabalho, 186

    10.4   Proposta de educar em valores, 188

Considerações finais, 193

Referências, 197

Gabarito, 199

> *"Se imaginais que, matando homens,
> evitareis que alguém vos repreenda a má vida,
> estais enganados; essa não é uma forma de
> libertação, nem é inteiramente eficaz, nem
> honrosa; esta outra, sim, é mais honrosa e
> mais fácil: em vez de tampar a boca dos outros,
> preparar-se para ser o melhor possível."*
> *– Platão*

Apresentação

Os pensadores, no decorrer da história, abordam o que é essencialmente humano, como o desenvolvimento da consciência de um ser pessoal e singular, social e histórico. Essas dimensões transparecem na moral e esta é elevada em nível ético por meio da educação e do trabalho.

    A elaboração do conteúdo desta obra se fundamenta em autores indicados na bibliografia, na reflexão pessoal da experiência de educador há 30 anos, na crença na missão de educar e na ideia de que o presente e o futuro da humanidade passam pela educação ética. Educação, em princípio, prepara a pessoa para a vida e para o trabalho, atividades que evidenciam a conquista do ser humano e o seu lugar na história através do assumir livre e responsável de estar no mundo.

Ao navegar dentro de um conteúdo milenar, mas atualíssimo, a moral e a ética têm como objetivos resgatar, valorizar, formar e aprimorar a vida ética do ser humano. O primeiro e principal sujeito é o professor. Este precisa ser formado e conduzido, por meio do livre-arbítrio, à consciência de ser ético como educador/professor, e seu trabalho é evidenciar a ética.

Mais do que nunca, a sociedade está num clamor ético. Ao resgatar a ética para a vida, o que se deseja ou se busca é viver melhor. O mundo apresenta facilidades e uma propensão à materialidade. Nessa perspectiva, sofre-se menos. No entanto, constatam-se vidas infelizes, desesperadas, depressivas e que "valem pouco". Essa vida é agitada pelos meios eletrônicos, que não são bons nem maus, dependendo da forma como são usados. As dificuldades de se ter um trabalho digno e uma educação capaz de provocar mudanças é um caminho traçado pela ética do *dever ser*. Nessa perspectiva, é o intuito desta obra contribuir para a formação do educador na abordagem de alguns conteúdos que constituem a fundamentação da ética. Dizemos *alguns* porque o tema está limitado formalmente dentro de um campo ilimitado. O limite é necessário para explicar alguma coisa e, também, para possibilitar que a mente compreenda parte de um conteúdo essencial para humanizar o ser humano. Para alcançar esses objetivos e possibilitar a explicação e, se possível, a compreensão, propõe-se apresentar neste livro dez conteúdos relevantes à ética, estruturados em capítulos.

Portanto, a ética tem sua base em uma compreensão de mundo e de pessoa. Só é possível pensar em ética se as pessoas compreenderem o mundo dentro do qual vivem e quem é o ser humano nesse contexto. No primeiro capítulo, busca-se uma compreensão de mundo com base no conhecimento das características da realidade atual, a relação entre passado, presente e futuro e a ideia de que o conhecimento é o caminho de estar e viver no mundo. Quem está e faz o mundo diferente é a pessoa. Assim, no segundo capítulo, apresentam-se alguns elementos para o entendimento da pessoa humana, tais como: o conceito de pessoa sob diferentes pontos de vista, a consciência como expressão do ser demonstrada por meio da imagem do corpo, tornando-a como referência ética e do trabalho.

O que é moral e o que ética? Buscamos um entendimento, no terceiro capítulo, em termos teóricos e práticos a respeito desses dois temas. Sustenta-se que a moral e a ética são aprendidas, possuindo uma relação de semelhança e diferença e que estas evoluem com o tempo. Para aprofundar e compreender a ética, faz-se uma relação com a ciência. Essa relação entre ciência e ética é estudada no quarto capítulo, no sentido específico do *fazer ciência* e da ética e da relação entre ambas. Redimensiona-se a ética, nos dias atuais, com o termo *bioética* na educação e no trabalho.

O dilema humano é: O que é ser livre e responsável? A liberdade e a responsabilidade constituem a base da ética. No quinto capítulo, de forma singela, são expostas apenas algumas ideias que podem auxiliar na compreensão do que seja uma pessoa livre e responsável, partindo da ideia do que não é liberdade, para, então, chegarmos a um entendimento do que seja liberdade. Para podermos dizer "Sou livre e responsável", é preciso sabermos distinguir o certo e o errado, o bem e o mal, a verdade e a mentira, conceitos trabalhados no sexto capítulo.

No sétimo capítulo, analisamos a escola, ambiente de educação ética. Aluno e professor são os sujeitos da ética.

Como a tecnologia está presente na mente das crianças e dos jovens e, consequentemente, nos fazeres escolares e nas atividades pedagógicas, é preciso considerarmos a sociedade, como aprendemos a ética para essa realidade e que estratégias devemos utilizar na educação para a vida.

O sentido humano do trabalho é abordado no capítulo oitavo. Trabalha-se muito, e pouco se pensa sobre o sentido dessa atividade. Esta tem uma dimensão objetiva, que é o fazer, e uma dimensão subjetiva, que é captar o sentido e o significado do trabalho. A relação entre o objetivo e o subjetivo resulta na dignidade do trabalho. Ressalta-se que o fazer pedagógico é um trabalho carregado de sentido. É a figura do professor que mostra essa realidade.

O ser humano inventou e desenvolveu a linguagem para se comunicar. A linguagem ética, conteúdo do nono capítulo, visa distinguir o que é informação e comunicação, o entendimento da linguagem da televisão e da internet como meio de educação e, diante desta, a importância da linguagem ética do professor.

A abordagem realizada nos capítulos primeiro ao nono visa compreender os fundamentos da ética. A apreensão dos valores amplia a reflexão ética. Por isso, no décimo capítulo, escreve-se sobre uma educação em valores. Resumidamente, apresentam-se alguns elementos para contribuir na formação de um conceito de valor, remetido para o professor como o sujeito de excelência de educador ético para a vida e para o trabalho. Conclui-se com uma proposta relacionada às ideias exploradas no decorrer do capítulo.

O estudo sobre ética, educação e trabalho é o início de um longo caminho que principia com o nascimento do ser humano e culmina com a sua morte. As ideias deste livro servem como ponto de partida para um estudo.

É necessário transformar as emoções e ideias em ação efetiva. Se elas dizem nada ou quase nada, repense o seu ser educador! Espera-se que os conteúdos aqui abordados sirvam para estimular a inteligência e auxiliem a fazer a trajetória da jornada ética na busca da valorização do ser humano em todas as dimensões. Este é o tempo que nos pertence, é tempo consciente de nossa realização. Caro educador, acredite que você é um ente, um ser, uma pessoa, ou um ser ético por excelência!

(1)

Compreensão de mundo

Otávio José Weber é licenciado em Filosofia (1976) e especialista em Psicopedagogia (1984) pela Faculdade de Filosofia Nossa Senhora Imaculada Conceição (Fafimc). É também licenciado em Teologia (1982) pela Pontifícia Universidade Católica do Rio Grande do Sul (PUCRS), mestre em Educação (1992) pela mesma instituição e doutor em Ciências da Educação (2001) pela Universidad Pontificia de Salamanca, na Espanha.

Por que falar do mundo, se já vivo dentro dele? O fato de fazer essa pergunta já abre uma perspectiva: "Sou alguém diferente dentro do reino animal?". Os animais, em termos gerais, não conseguem representar simbolicamente o mundo. Entre todos os animais, o ser humano se distingue porque é capaz de olhar o passado e representar o futuro. Na concepção de May (2004, p. 146), o homem pode

> *transcender o momento imediato, recordar o passado e planejar o futuro e assim escolher o maior bem, que só ocorrerá mais tarde, de preferência a um bem menor e imediato. É igualmente capaz de sentir as necessidades e os desejos alheios, imaginar-se no lugar do outro e assim fazer suas*

opções com vistas ao bem de seus semelhantes, e ao seu próprio. Este é o começo da capacidade, por mais rudimentar e imperfeita que se apresente na maioria, do "ame teu semelhante" e da consciência do relacionamento entre seus atos e o bem-estar da comunidade.

Existe, portanto, a capacidade de cada criança, jovem e adulto de descobrir que há um mundo dentro de cada um. Esse mundo necessita ser desvendado. Só não consegue optar por ver esse mundo quem está aprisionado em seu próprio. Desse modo, podemos fazer a seguinte reflexão: Que mundo apresenta-se para as crianças e os jovens? Qual a importância de o educador possuir uma visão de mundo?

(1.1)
Características do mundo atual

Parte-se de uma constatação do relacionamento entre pais e adultos com as crianças e os jovens. Geralmente, sonham-se grandes feitos para estes últimos: roupa da última moda, passeios exuberantes, não andar na chuva, televisão em cada quarto, computador no quarto de cada um, todos os tipos de jogos imagináveis; além disso, preenche-se o tempo, além da escola, com cursos de inglês, computação, balé, música, natação e outros. Onde ficou o tempo do lúdico? Onde ficou o tempo do encanto da vida e das frustrações? E a criatividade? Eis uma primeira característica do mundo em que se vive: a artificialidade. Imagina-se que, ao se dar tudo, educa-se a criança para a vida. Certamente, essa postura dos pais reflete em vários aspectos psicológicos da criança, como na emoção, na memória, no pensamento, na convivência social etc. É um mundo visto sob a ótica do adulto, que pensa ser brilhante quando oferece tudo para a criança. No entanto, ele não permite que a criança descubra o seu mundo próprio.

A artificialidade remete a uma segunda característica: a obstrução na arte de pensar. O século XXI deveria caracteriza-se pela solidariedade, pelo empreendedorismo e pelo conhecimento. Na prática, constata-se que muitas pessoas estão alienadas, sem projetos de vida e futuro, sem esperança. Na família ou nos grupos de nossa convivência diária, age-se como se um desconhecesse o outro; os indivíduos não falam sobre si mesmos, as pessoas não se expõem. Na escola, mesmo com anos de convivência, alunos e professores tratam-se como estranhos. Os professores exigem que os alunos aprendam a resolver problemas de matemática, de história, de língua portuguesa, treinando-os para acertarem as questões. Treinam-se as crianças e os jovens para receberem informações, mas estes não são habilitados para saber o que fazer com elas. O que se faz para adquirir emoções e sentimentos? Raras vezes se busca um prazer inteligente. Quando surgem decepções, o que se faz? Que escola auxilia a criança a lidar com o pensar e não simplesmente transforma a criança ou jovem em uma máquina de aprender? Assim, o mundo atual pouco auxilia as pessoas no desenvolvimento da arte de pensar. Nessa perspectiva, o mundo, com seus inúmeros mecanismos de informação, prepara as crianças e os jovens para serem um banco de dados. Afinal, como utilizar a memória?

No mundo atual, são produzidas e transmitidas milhares de informações diárias para a nossa memória. Isso nos remete à terceira característica: o excesso de informações. A memória é ocupada como se fosse um banco de dados. Exclui-se, assim, o prazer em se desenvolver a inteligência, o prazer com aspectos mais sutis da vida, o prazer de conviver. Alguém pode realizar um excelente curso superior, acumular conhecimentos oferecidos por professores e livros consultados e compreendidos e, no entanto, não construir ideias brilhantes, apenas acumulando saberes. Assim faz a mídia: reduz o pensar do indivíduo a estímulos prontos e rápidos. Como consequência do excesso de informações, precisa-se fazer muitas coisas para se ter um pouco de prazer, surgindo, assim, a frustração, a instabilidade e a flutuação no mundo em que se vive. Afinal, o mundo informa ou forma as pessoas?

Esse contexto nos leva à quarta característica: a não formação das crianças e jovens para a vida. Informação não é formação, pois ela é apenas o passo inicial. Em termos gerais, como formar alguém para a vida quando esse alguém está ausente neste mundo? A informação sobrepõe-se à formação. Conhece-se muito sobre o mundo, mas pouco ou quase nada se sabe sobre o mundo que cada um é. As relações das pessoas em condomínios, nas ruas, na escola, no trabalho, são frias e sem emoção. O refúgio nas drogas, a depressão, os professores estressados, o pânico em pensar com profundidade, são sintomas da realidade dessa forma de convivência. Os adultos, os jovens e as crianças sabem pedir perdão? A qualidade de uma sociedade depende da formação das crianças e dos jovens, gerenciando soluções ou respostas face aos seus problemas. Se as teorias fracassaram, se pais estão confusos sobre como educar, se a escola quer que os alunos sejam máquinas de registrar informações, é preciso criar hábitos e técnicas para se enfrentar tais problemas, formando adequadamente as pessoas. Inicialmente, é preciso compreender o tempo atual.

(1.2)
Tempo atual

As manifestações ou percepções que as pessoas têm em relação ao tempo atual correspondem à forma como elas vivem. Elas expressam sua ansiedade quando dizem frases como: "O tempo passou rápido", "Faltou tempo", "Não consegui fazer tudo no tempo estabelecido", "Queria fazer mais coisas em menos tempo", "Preciso administrar melhor o tempo", "Tenho sonhos sobre um tempo melhor", entre outras. Sabe-se que o tempo cronológico sempre passa na mesma velocidade. Os séculos, os anos, os dias passam num mesmo ritmo. O que muda em relação ao tempo é a nossa percepção em relação a ele. Tarefas agradáveis, prazerosas, instigantes, marcam-nos profundamente na memória, dando a sensação de que o tempo passou mais rápido. As decepções ou ações frustrantes parecem que não passam e o tempo, dessa forma, passa mais lentamente. Ambas são impressões diferentes do tempo. Entre as muitas características do tempo atual, citam-se algumas:

- Mudança das determinantes subjetivas e objetivas – as subjetivas se referem à forma como se olha o mundo, a vida, o trabalho e a nossa relação com o espaço e tempo. A tecnologia permite viver melhor e de modo diferente. Os meios tecnológicos da mídia de informação e da comunicação produzem um novo tempo: o tempo virtual. Vale o aqui e o agora, modificando a visão de passado, presente e futuro. As objetivas se referem às relações de trabalho, ao modo de conviver das pessoas, à educação e à maneira de se ver a sociedade.

- CONTRADITÓRIO E PARADOXAL – no passado, as contradições e os paradoxos estavam mais encobertos pelas instituições políticas, religiosas e econômicas. A democracia, hoje, é uma realidade. Surgem os avanços e são identificados os retrocessos nas atitudes e nos comportamentos das pessoas. Os avanços são vistos na oportunidade de participar das decisões comunitárias. Os retrocessos são constatados na fome, na miséria, na violência e na falta de acesso à educação. As contradições ou retrocessos precisam ser enfrentados e modificados.
- COMPLEXO – o avanço do conhecimento em todas as áreas do saber, juntamente com o avanço tecnológico, trouxe qualidade de vida, mas, por outro lado, vieram a miséria e a violência. Para se viver neste mundo, é preciso a habilidade do pensamento, bem como a busca por novos conhecimentos e virtudes que tragam qualidade de vida, dentro do mundo de que participamos e no qual vivemos. Enfim, é necessário descobrir o que é bom para se viver. Seria a superação dentro do mundo com dignidade conquistada.
- DIVERSO – pluralidade de ideias, valores e comportamentos. No passado, o referencial de ideias era restrito a alguns pensadores ou algumas pessoas. A modernidade dá tempo e espaço para a manifestação da complexidade humana, ao reconhecer a amplitude e importância da diversidade. Grupos diferentes defendem seus interesses num micro e macro espaço. O mundo não é mais único, mas plural, na política, no conhecimento e nas relações sociais. Urge, portanto, que os indivíduos se formem e aprendam a lidar com as diferenças pessoais e culturais.

- INCERTO, PORQUE SE PRODUZIRAM NOVOS REFERENCIAIS – a geopolítica, hoje, é diferente dos séculos passados. A concepção do religioso não é mais da Idade Média, os direitos e deveres de cidadão foram ampliados, as instituições, sejam religiosas, sejam escolares, sejam políticas, precisaram modificar a sua atuação. Mudaram os valores e a forma de se conceber o mundo. Houve mudanças profundas no modo de viver. A estabilidade do passado, "um por todos e todos por um", já não impera mais. Espera-se, hoje, o fracasso de alguém para ocupar o lugar dele. O que era certo no passado, hoje está em processo de mudança. Isso implica incertezas do aqui e do agora.

- MOVIMENTOS ATUAIS SÃO PLANETÁRIOS, ECOLÓGICOS, ECUMÊNICOS, DE CONHECIMENTO E BIOÉTICOS – hoje, é preciso pensar o mundo não apenas de forma local, mas universal. As ações locais têm influência no planeta. Toda a concepção dos dias atuais passa pelas dimensões anteriormente citadas. O mundo é grande e pequeno ao mesmo tempo. É possível saber o que ocorre a milhares de quilômetros de minha casa quase que em tempo real. Os movimentos, nesses termos, indicam um novo processo civilizatório.

- INÍCIO DE UM NOVO PROCESSO CIVILIZATÓRIO – o novo processo implica considerar a moral e a ética entendida como bioética, na inclusão por gênero, natureza, religião, etnia e conhecimento. Esse processo implica o contexto de vida social, política, econômica e pessoal, aliados à natureza e ao homem.

A compreensão dessas características do tempo atual (há outras, evidentemente) pode auxiliar no desenvolvimento de uma atividade de sala de aula mais inserida na realidade, formando as pessoas para o mundo. A mudança, ou a passagem da ingenuidade para a crítica, requer conhecimento daquilo que atua sobre nós: é o mundo da natureza, o mundo da consciência e o mundo dos produtos; é saber articular o passado e o presente e ter claro que o futuro é a sabedoria da pessoa que aprendeu ou se educou para enfrentar o mundo.

(1.3)
Passado, presente e futuro

As características já mencionadas em relação ao mundo da criança, do jovem e da concepção do tempo atual verificam-se por meio do modo de viver das pessoas: ansiedade, confusão, vazio, depressão, doenças crônicas, entre outros problemas. A falta de uma formação adequada para enfrentar o mundo e nele viver, juntamente com a difícil tarefa da escolha dos valores, influencia a psique humana. As pessoas precisam aprender a articular as dimensões de passado, presente e futuro. Junges (2005, p. 77) diz que

> *as presenças natural e intencional constituem duas modalidades de referência com respeito ao espaço e ao tempo: na presença natural, o corpo experimenta o espaço e o tempo de maneira física e biológica (trata-se da postura e ritmo corporal); na presença intencional, o corpo próprio, enquanto corpo vivido, experimenta o espaço e o tempo como humanos, isto é, na sua dimensão psicológica, social e cultural. Trata-se de um espaço e tempo internos. Assim, o corpo próprio é o lugar fundamental da compreensão espaçotemporal e das relações humanas.*

O espaço e o tempo são as categorias fundamentais para qualquer ser humano se localizar, para se locomover no contexto geográfico, no mundo no qual realiza a sua vida pessoal e coletiva. Os meios tecnológicos da informação e da comunicação produziram um mundo saturado e vazio. Recebem-se muitas informações e as pessoas deixam de pensar sobre elas. Isso se chama de *cansaço de ideias* ou *saturação de informações*.

A saturação das ideias transparece na linguagem ou na fala. Na fala surgem os exageros dos *super*, dos *hiper*, dos *trans* e dos *mega*, e as coisas são pensadas sem alma e sem vida. Pensar as grandes realizações como festa, gratuidade, lazer, silêncio e espiritualidade perderam-se no tempo e no espaço. Aquilo que poderia dar prazer é substituído pelo entretenimento, que literalmente significa "ocupação". Perguntas como: "O que vou fazer agora?", "O que vou fazer na minha folga?", "O que vou fazer nas férias?", "O que vou fazer do meu tempo livre?", são perguntas que buscam uma ocupação, sinal que se perdeu o tempo da contemplação, da admiração, da meditação e de conversas livres de ocupação. É o tempo do crescimento rápido, da ocupação, do imediatismo que não aceita o processo real e os sacrifícios no tempo e espaço reais. Tudo é aqui e agora. Como resultado, tem-se o vazio existencial.

O vazio existencial se manifesta neste tempo e espaço pela utilização dos *des*: desmoralização, descaracterização, desvalorização, desculturação, desmaterialização, dessubstancialização e outras. A consciência humana, a transcendência, a beleza da natureza, a convivência no ócio, o real sentido da vida foram substituídos pelas coisas terrenas, por meio da razão e do trabalho para garantir o amanhã. No trabalho, a pessoa fica atrelada à tecnologia e à ideologia do mercado. A consciência é branda, suave, *light, soft,* quando a pessoa busca a felicidade em si mesma, no seu "eu" embaraçado. O real é substituído pelo virtual. A moda é a referência, nem que seja pelo escandaloso, para chamar a atenção, sustentando-se que "o último lançamento é o melhor". Espaço e tempo, sua relação com o passado, presente e futuro precisam ser repensados no intuito de se resgatar o seu sentido nos dias atuais.

Espaço e tempo reais são as percepções individuais e coletivas de mundo no qual a pessoa nasce, cresce e morre. É a pessoa inserida em um contexto histórico, fazendo a sua história individual e coletiva. É aprender sobre o seu passado, viver com intensidade o tempo presente e projetar o futuro. Na atualidade, fala-se em tempo linear, contínuo, sempre projetado para frente. Ignora-se, assim, o passado. O passado, o presente e o futuro foram reduzidos ao "aqui" e "agora"; o "aqui" é transformado em espaço virtual e o "agora", em tempo virtual.

> *O que significa reduzir o espaço e tempo numa dimensão única do aqui e agora?*

Reduzir o espaço para a dimensão do "aqui" representa eliminar o distante, o próximo, a diferença e o invisível. Se for essa a percepção do espaço, torna-se impossível conhecer a história da humanidade, a individualidade, a comunidade, o local geográfico, enfim, seria ir contra a consciência humana do livre-arbítrio e o corpo, dessa forma, não poderia se desenvolver. O corpo ficaria sempre em estado potencial, no determinismo do "aqui". Seria ir contra a natureza humana.

Reduzir o tempo para a dimensão do "agora" significa afirmar que não há o antes nem o depois. Seria a negação do passado e do futuro. Não haveria fluxo, escoamento temporal. O que a pessoa é hoje implica o que ela foi no seu passado. Nas evidências do passado está a projeção do futuro da pessoa. Somente o "agora" inviabilizaria a autoconsciência, o planejamento, a utopia, as dimensões inatas a serem desenvolvidas.

As categorias de tempo e espaço, na relação entre passado, presente e futuro, significa a necessidade de compreender como cada pessoa realiza a sua experiência de aprendizagem e a sua percepção de mundo. Há evidências de saturação no modo de viver e o esvaziamento do sentido das coisas. A realidade virtual do "aqui" e "agora" exige uma reflexão e uma educação de como o estudante elabora a sua identidade neste mundo por meio da liberdade e da responsabilidade, da sua objetividade e da sua subjetividade, da causalidade, da contingência, do desejo, da virtude, do vício, entre outros, já que o tempo e o espaço são determinantes para a moral e a ética. A superação, a compreensão do mundo, enfim, passa pelo conhecimento.

(1.4)
Conhecimento, caminho de estar e viver no mundo

A história do conhecimento mostra como o ser humano buscou soluções para estar e viver no mundo, num espaço e tempo, para superar as necessidades básicas do viver bem.

Nos tempos primitivos, a superação se dava por meio da utilização da força física, da atuação em grupo. Quando um elemento do grupo era afetado, todos o defendiam. Os conhecimentos que havia eram rudimentares e de sobrevivência.

O mundo grego (séculos VI a II a.C.) produziu a filosofia para estar e viver no mundo. A democracia e os partidos políticos foram pensados para articular a sociedade. A lógica (Aristóteles), o diálogo (Sócrates), as ideias (Platão) são conhecimentos produzidos na superação do mundo mágico dos deuses e dos mitos.

Na Idade Média (séculos III a XV d.C.), o conhecimento predominante era o religioso. Dentro deste, as ideias de direito e deveres (Santo Agostinho, Tomás de Aquino, entre outros), a música, a arte e a educação receberam novos matizes (séculos XII e XIII). No campo político e religioso, houve rupturas, cismas (Oriente e Ocidente, calvinismo, anglicanismo, luteranismo, entre outros). São períodos históricos diferentes, nos quais, por meio do conhecimento, buscavam-se soluções para estar e viver melhor no mundo.

A Revolução Industrial (início por volta de 1740 até 1890) trouxe a produção em série e mudanças profundas no estar e viver das pessoas no mundo. Na base das mudanças estão os conhecimentos produzidos que permitiram conquistas extraordinárias, que revolucionaram o mundo atual tais como a descoberta do núcleo do átomo, a conquista espacial (1969) e a tecnologia eletrônica. Os conhecimentos gerados na área da informática modificaram o setor industrial, as comunicações e a vida das pessoas (televisão, computador, telefone). Os meios eletrônicos produziram um novo mundo, novos relacionamentos, novas formas de aprendizagem e, sobretudo, novos conhecimentos. Os conhecimentos produzidos na era da informática contribuíram para a percepção que se tem do mundo atual, descrito nas seções anteriores.

E as consequências dessas inovações são evidentes: as crianças e jovens convivem no mundo da informática, com as características da atualidade, com a questão do espaço e tempo (passado, presente e futuro) na qual existe praticamente uma única saída – ter conhecimento. Nesse contexto, a escola não pode mais apenas repassar conhecimentos: ela precisa gerar conhecimentos com base no mundo que aí está. Os pais precisam ser inteligentes na sua relação com seus filhos, os professores devem ser sábios, no sentido de apreenderem o mundo e, de forma criativa, fazer opções que possibilitem uma vida melhor para o aluno. A sociedade como um todo (família, instituições, escolas, universidades, meios de comunicação em massa), juntamente com o Poder Público, dentro da liberdade e responsabilidade de cada cidadão, deve permitir, possibilitar, segundo Freire (2008):

- a construção de espaços e políticas coerentes com a situação contemporânea da ciência, dos movimentos e sujeitos atuais;
- a construção de autoria coletiva, criativa, técnica e política;
- a criação de um desenvolvimento econômico subordinado aos critérios humanos, ecológicos, éticos (bioéticos) e de valores;
- a postura política com base na complexidade, diversidade social e de inclusão.

Para realizar as tarefas mencionadas, é preciso gerar conhecimento. O conhecimento para a compreensão do mundo precisa considerar, na compreensão de Guareschi (2000, p. 64-73):

a. A CONCEPÇÃO DE SER HUMANO: *qualquer sociedade, formação social, modo de produção e ato esconde um fato – quem sou eu para mim mesmo e quem são os outros para mim. Esta dimensão permite entender o mundo em que se está e se vive.*

b. FILOSOFIA (VALORES): *todos têm valores. Pensamos pouco sobre eles ou temos dificuldade de elegê-los. Eles são implícitos ou explícitos. Dos valores decorre o conhecimento da dimensão moral e ética.*
c. CONCEPÇÃO DE SOCIEDADE: *a visão de pessoa, de filosofia (valores) insinua e revela o tipo de sociedade, qual é a mais aceitável e melhor (democracia, liberalismo).*
d. COMPORTAMENTO DE RELAÇÕES: *é a única vista e constatada. Enxergamos como as pessoas se comportam, que tipo de relações exercem sobre os outros (individualista, egocêntrica, interessada, competitiva), "quem pode mais, chora menos", quem tem mais prestígio, status, quem é mais liberal. Da maneira como as pessoas se comportam verifica-se o grau de compreensão que se tem do mundo e que conhecimentos possuem a respeito do mundo em vivem.*

O conhecimento auxilia na construção moral e ética da atualidade por meio da reflexão, da ação, do discurso e da consequência.

É preciso refletir, pensar em profundidade as ações para evitar o pânico ou medo quando se descobre como as coisas são. O sentimento de inutilidade pode surgir no trabalho, no relacionamento com os outros e com o mundo. A visão de mundo que nos é passada é de uniformidade e mediocridade no pensar. Thums (2003, p. 39), ao fazer uma crítica do contexto de mundo em que se vive, diz que é

preciso compreender as mensagens de forma imediata, sem raciocínio, sem reflexão, sem polissemia, sem complicação. Criamos uma sociedade seminformada [sic], semiculta, que diz que sabe, mas não sabe que não sabe. Somos inflacionados a estímulos a que não conseguimos atender, que não conseguimos decifrar e pensar. Perdemos a capacidade de autodeterminação, de experienciar as relações. Perdemos o interesse pelo comum, a individualização está no seu ponto mais alto, insustentável.

Portanto, é preciso aprender a refletir com profundidade, com crítica ou, ao menos, de forma lógica na busca do conhecimento.

O saber adquirido e desvendado precisa ser colocado em movimento e ação. A ação envolve a dinâmica do fazer, seja ideal, seja real, ante os recursos teóricos e materiais disponíveis, ou seja, ela engloba o movimento e ação do fazer da vida, do pensamento, do sentimento, do trabalho e da cultura. Não se pode mais pensar o mundo sob a ótica do imediato, do pragmatismo. É preciso pensar as ações e transformá-las em discurso.

O discurso é a explicação, o conhecimento, o referencial elaborado de forma lógica referente à realidade. O que se mostra ou demonstra são elementos provados, justificados e amparados em pesquisa. São os argumentos que sustentam a reflexão e a ação. É a expressão explícita do conteúdo compreendido e, assim, apresentado para os outros.

Todo o conhecimento traz consigo uma consequência. Ele envolve a nossa liberdade e responsabilidade em face da reflexão, da ação e do discurso, expressando o que se vive. Todos os nossos atos implicam uma ação prática e teórica.

O mundo precisa ser explicado e compreendido. As ideias apresentadas são uma tentativa de trazer alguns elementos que possam auxiliar na preparação do professor para o desenvolvimento de uma ação pedagógica mais segura. A compreensão de mundo, com base no conhecimento, é necessária para que se possa vivenciar a moral e a ética.

Indicações culturais

POPPER, K. R. *Em busca de um mundo melhor*. Lisboa: Fragmentos, 1989.

O primeiro capítulo da obra de Popper nos auxilia a compreender a realidade do mundo físico ou da matéria (a terra, o universo, a natureza), o surgimento da realidade consciente (a tentativa de eliminar o erro, ensaios conscientes) e a realidade dos objetos produzidos (o novo mundo que produzimos). Remete a uma discussão do conhecimento, inclusive da ética.

SUNG, J. M.; SILVA, J. C. da. *Conversando sobre ética e sociedade*. 14. ed. Petrópolis: Vozes, 2007.

O livro de Sung e Silva é muito interessante, pois nos remete a pensar a ética com base na compreensão da sociedade atual. Só é possível entender a moral e desenvolver uma reflexão ética quando se tem uma percepção de mundo. É o primeiro passo para se viver melhor.

Atividades

1. O que você pensa sobre o mundo atual?
2. Qual a relação entre o passado e o futuro na compreensão do "aqui" e do "agora"?
3. Analise e comente a seguinte afirmação:

> Penso que só há um caminho para a ciência ou para a filosofia: encontrar um problema, ver a sua beleza e apaixonar-se por ele; casar e viver feliz com ele até que a morte vos separe. A não ser que encontre um outro problema ainda mais fascinante, ou, evidentemente, a não ser que obtenha uma solução. Mas, mesmo que obtenham uma solução, poderão então descobrir, para o vosso deleite, a existência de toda uma família de problemas-filhos, encantadores ainda que talvez mais difíceis, para cujo bem-estar poderão trabalhar, com um sentido, até ao fim dos vossos dias.

Fonte: Popper, 1989, p. 219.

4. Faça uma análise crítica: que estratégias podem ser utilizadas na educação (de crianças, jovens e adultos) para uma pedagogia participativa com base na compreensão de mundo?

(2)

A pessoa humana como fundamento da ética/bioética

Otávio José Weber

A moral, a ética e a bioética fazem parte da conduta humana constantemente no que diz respeito ao viver bem. Desde os tempos mais primitivos até os dias atuais, há mudanças na concepção de mundo e de pessoa, que é influenciada pelo modo de viver de cada povo, sedimentando uma nova cultura. Hoje, o mundo apresenta características específicas, vistas no capítulo anterior, que determinam uma dimensão mais profunda de compreensão do ser humano nesse contexto.

O contexto de mundo atual apresenta muitas ameaças à vida, estando elas diretamente ligadas ao desrespeito à vida humana. A destruição do meio ambiente, formas degradadas de viver, uso indevido da tecnologia, entre outros fatores, interferem diretamente no *ser pessoa*. Para compreender o significado da vida, não se pode reduzi-la exclusivamente ao fato biológico, mas é preciso buscar o entendimento numa abrangência maior: a vida é um evento pessoal.

(2.1)
Conceito de pessoa

O conceito de pessoa é o ponto de partida das ciências humanas. Na filosofia, na psicologia, na sociologia, na educação, na antropologia, encontram-se conceitos fundamentados de pessoa. Não é objetivo deste estudo apresentar todos os conceitos possíveis, mas, sim, apresentar algumas ideias para a compreensão do termo.

Sobre os significados da palavra *pessoa*, Arnold, Eysenck e Meili (1982) esclarecem que, na origem etrusca, a palavra *phersu* significa "um ser que existe entre o mundo e o submundo", recebendo também o significado de "máscara". Os gregos associaram a palavra *persona*, de origem latina, com o vocábulo *prósopon*, que significa "máscara" e "personagem". O conceito de "máscara" implica humanidade, referindo-se, especialmente, ao corpo e à forma (remetendo-se ao teatro, no qual alguém representa papéis); ainda se refere ao espiritual, diferente de outros seres vivos. Na língua portuguesa, usualmente, a palavra significa "indivíduo" (em si mesmo, homem e mulher), "ser humano" e "personagem".

Os diversos significados, aqui apresentados apenas alguns, já nos remetem à complexidade de expressar, com exatidão, o significado da palavra *pessoa*. Para ampliar a compreensão do conceito de pessoa, é possível se remeter à concepção católica, ao direito, à biologia e à antropologia.

A Igreja Católica, para formar a concepção de pessoa, busca na antropologia, nas conquistas científicas ou em qualquer área do saber elementos significativos para fundamentar o que ela entende por esse termo (Paulo VI, 1965). Com base nas áreas do saber, a Igreja afirma que a pessoa humana é de natureza biológica, dotada de razão e espírito, desde a concepção até a morte. Desde o nascimento até a morte, existe uma evolução ontogênica do ser, um "salto qualitativo", que é integral ou não. A pessoa apresenta uma evolução física, corporal e espiritual, na dimensão de si mesma como transcendência, do outro e do mundo.

Apenas como referência, o Código Civil Brasileiro (Brasil, 2002), em seu art. 2º, sustenta:

> *Art. 2º A personalidade civil da pessoa começa do nascimento com vida; mas a lei põe a salvo, desde a concepção, os direitos do nascituro.*

O ser humano é considerado nascido vivo quando consegue respirar, nem que seja uma vez só. Em outras palavras, o nascituro não tem personalidade jurídica, mas passará a ter se nascer com vida. Sobre o nascituro, com base no atual direito brasileiro, Viana, citado por Pessini e Barchifontaine (1996, p. 95), diz que o

> *nascituro (no atual direito brasileiro) não é ainda uma pessoa, não é um ser dotado de personalidade jurídica. Os direitos que se lhe reconhecem permanecem em estado potencial... Se o feto não vem a termo, ou se não nasce vivo, a relação de*

direito não chega a se formar, nenhum direito se transmite por intermédio do natimorto e sua frustração opera como se ele nunca tivesse sido concebido, o que bem comprova a sua inexistência ao mundo jurídico, a não ser que tenha nascido.

A palavra *pessoa* é desconhecida no vocabulário técnico da biologia; ela ignora, portanto, critérios científicos para decidir quando existe uma pessoa. *Pessoa* é mais um termo de valorização cultural, de cunho social, psicológico e ético. A biologia aborda a pessoa na perspectiva da filogênese e da ontogênese. Filogênese consiste em observar o ser humano em sua evolução, desde a sua origem até os dias atuais, ou seja, evolução como espécie humana. Já a ontogênese é o estudo de cada ser humano na sua singularidade, considerando que cada pessoa evolui desde o nascimento até a sua morte, não afirmando nada sobre o *ser pessoa*, defendendo apenas que a hominização (ser pessoa) é um processo. Tal processo se baseia no tempo de fecundação, que dura, mais ou menos, 24 horas. Não é possível precisar o instante da fecundação. Nessa visão, para o biólogo, nascimento e morte são apenas processos.

A antropologia apresenta diversas e distintas abordagens sobre o *ser pessoa*. Popper e Eccles (1991) trazem uma contribuição decisiva para o conhecimento da hominização, por meio do estudo da estrutura e evolução cerebral, a relação entre filogênese e ontogênese e a formação da realidade. A evolução cerebral e a relação entre a evolução da espécie humana (filogênese) e o desenvolvimento do *ser pessoa* de cada indivíduo (ontogênese) mereceria um aprofundamento. Deixamos aqui apenas uma sugestão de um estudo mais aprofundado.

Sobre a compreensão da realidade, faz-se uma breve referência com base em Popper (1989), por ser importante para o educador compreender como ele concebe a realidade em que se está inserido. A realidade pode ser compreendida de três formas:

1. A REALIDADE DO MUNDO FÍSICO – a natureza dos seres vivos e inanimados. É o mundo que está em processo, em tensão (calor, frio, terremotos), em movimento e realiza constantes rupturas. O ser humano, como ser biológico/físico, faz parte desse contexto. A criança, quando nasce, passa a fazer parte do mundo da matéria.
2. A REALIDADE DAS EXPERIÊNCIAS SUBJETIVAS – o processo do pensar, a consciência e a inconsciência são características da espécie humana. Nessa fase, aprende-se por meio do ensaio e do erro. Surge a consciência avaliadora tipicamente humana. Nessa realidade é que se aprende a desenvolver a inteligência, a capacidade de aprender a pensar e a ser crítico.
3. A NOVA REALIDADE CRIADA – o universo do conhecimento. Invenção e criação da linguagem falada, escrita ou outras. Esta, por sua vez, permite criar a cultura e objetivar novos produtos. É o mundo dos produtos da mente humana, da cultura, do espírito humano. Fazer pedagogia e ética É um produto da mente humana, posto que são formas de conhecimento ensinadas e aprendidas.

A antropologia, com base nas breves referências anteriormente apresentadas, traz as seguintes características humanas: organização temporal (passado, presente e futuro), imaginação criadora, livre-arbítrio e responsabilidade moral.

O conceito da palavra *pessoa*, bem como a percepção de

diferentes grupos (Igreja, direito, biologia, antropologia), apresentam elementos diferenciados que ajudam a compreender o ser humano. Para a nossa prática pedagógica, para ensinar/aprender moral e ética, é fundamental ter-se uma concepção a respeito de pessoa. Acredita-se que a consciência é a característica fundamental da espécie humana.

(2.2)
Consciência humana

A consciência é a essência que nos distingue de todos os outros seres vivos. O ser humano é um animal ético em potencialidade, embora, na prática, esteja muito distante de ser ético. A capacidade de refletir a partir de si mesmo caracteriza a consciência. Consciência de um ser livre, responsável, racional, com sentimentos e outras características que dão a identidade individual e, posteriormente, a social. É o sentimento de identidade, de ser "eu mesmo", que engloba os estados corporais e mentais articulados entre o passado, presente e futuro.

Consciência significa "com conhecimento", "com sabedoria", sendo ela o resultado da interação entre pessoas movidas por interesses, necessidades, curiosidades, que movem a busca do conhecimento. À medida que adquire mais conhecimentos, o indivíduo aumenta a capacidade de discernimento, de maior compreensão da realidade, de compromisso social como resultado do domínio consciente no contexto de mundo em que está inserido. Nessa perspectiva, o que é consciência? É o conhecimento que o ser humano tem dos outros, de si mesmo e do meio ambiente em que vive. Pela consciência, que também é razão, cada pessoa torna mais agradável o seu *ser pessoa* e a realidade em que vive.

A consciência é razão, no sentido em que calcula, mede, separa, junta o que significa pensar de modo ordenado. Significa ainda falar com clareza, organizadamente, de uma forma que os outros possam entender. É um trabalho teórico e prático da inteligência. Sempre que se quer conhecer algo, existe um interesse, para tirar algum proveito ou satisfazer alguma necessidade. Não implica apenas pensar, ou "eu penso que", mas um resultado final "eu posso".

Ao afirmar "eu posso", a pessoa está falando do seu ser enquanto existe. Ela se torna sujeito como pessoa. É a expressão adequada do seu "eu", exprimindo de forma inteligível, seu ser como sujeito, adquirindo singularidade na mediação com a universalidade. A pessoa é única no universo no qual realiza sua historicidade. O sentido da vida é tornar conscientes suas atitudes e crenças. Quando o mundo, o outro e eu estamos integrados com um sentido, isso indica consciência, ou seja, identidade.

A consciência provém da capacidade de afirmar os valores no tempo em que se vive, caracterizando a identidade. Quando se escolhe os valores, isso demonstra a capacidade de reagir diante do certo ou do errado. Qual é, então, a função da consciência? Ela exerce uma função normativa. Ela nos resguarda de cometer erros. Ela diz: "Pare, chega, vá adiante, mude de atitude, perdoe", enfim, é o filtro moral e ético, tendo a força e poder de dizer "sim" ou "não". Nesse sentido, ela precisa ser educada desde o nascimento até a morte. A censura moral que a consciência faz em relação aos outros pode até enganar. Mas fugir dela é impossível – posso enganar o meu aluno, o meu filho, mas a minha consciência não posso enganar. A consciência sempre incomodará enquanto não se fizer as pazes com ela. Pode-se enganar os outros, mas não a consciência, pois ela é parte do ser. De onde vem a consciência? Ela é inata? O ambiente externo influencia na sua formação?

A consciência faz parte do ser humano como controle inato e é formada por influência do ambiente externo. Como o controle inato é universal, ele existe dentro do ser humano. A consciência não está acabada, mas se tem a estrutura cerebral para que se possa desenvolvê-la. Por natureza, o ser humano se guia por sua consciência. Para se compreender como ela é utilizada, deve-se analisar o comportamento das pessoas.

O ambiente externo influi decisivamente na formação do caráter das pessoas. Os pais, a escola, o ambiente social impõem exigências para a criança, que precisa se comportar segundo valores e códigos culturais. Dessa forma, a consciência é moldada pelas condições culturais externas. "Quem sou eu hoje?". Além da herança genética, somos, sobretudo, produto do meio ambiente.

Para os educadores, é importante saber que existe a capacidade inata da consciência e que ela precisa ser alimentada no contexto da formação. O ser humano nasce com a capacidade de falar, de pensar e de se relacionar com os outros. A fala é aprendida, o idioma que se fala se dá de acordo com o meio em que a pessoa nasceu e cresceu. Assim também é com a consciência: nasce-se com a capacidade de se tornar um ser humano livre e responsável. A consciência precisa ser alimentada por meio de ideias, de convivências, de imaginações, de prospecções de se ter uma vida saudável, psicológica, social e eticamente falando. Ir contra a consciência constantemente implica anular-se, desgastar-se e, assim, ingressar na depressão psíquica e social. Quando se sustenta que alguém "não tem consciência", significa que houve um fracasso em viver bem. A consciência é como um tribunal que auxilia a fazer a escolha correta mediante as informações externas. Faz com que o indivíduo aja. O corpo é expressão do agir, seja consciente, seja inconsciente, livre ou não.

(2.3)
A imagem do corpo

É necessário que o corpo seja percebido, pois ele faz parte da natureza física, da matéria, com dimensões de transcendência: a pessoa busca sua autorrealização por meio do corpo. Antes de nascer, o mundo e suas estruturas já existem. A pessoa nasce em determinada família, inserida numa língua específica, em determinada cultura e época. As limitações intelectuais, de afeto, de amor e de realização fazem parte da natureza humana. A fragilidade e as limitações aparecem quando se precisa enfrentar o meio ambiente. Nenhum ser humano, de modo especial a criança, não sobrevive apenas pelas próprias forças. Ela necessita de cuidados em todos os aspectos, entre eles, o corpo.

A criança, ao nascer, começa a desenvolver a percepção do próprio corpo pela boca, segurando a perna e quando as sensações sexuais surgem, ela vai conhecendo o prazer de ter um corpo que se amplia com o passar do tempo. Há a apropriação do próprio corpo como expressão de si mesmo. O indivíduo percebe que o corpo tem um sentido, aptidão que ele leva para toda a vida. Pena que muitos adultos perderam a percepção e o sentido do corpo. A autoimagem está debilitada, em parte, porque deixaram de experimentar seus corpos. No entanto, à medida que a pessoa vai crescendo, ela torna o seu corpo o sujeito de si mesma e em relação aos outros. Não se trata do corpo objeto, mas do corpo sujeito, como realidade constitutiva e expressiva do ser humano.

O significado de seu corpo provém da relação com os outros. A pessoa humana nunca possuirá o próprio corpo em total perfeição. Ela sente o peso do próprio corpo, sofre as suas leis e dinamismos naturais que nem sempre se movem da forma desejada. É somente com o corpo que a pessoa existe e esse possibilita que o indivíduo se insira no mundo por meio de sua consciência intencional, ao pensar, falar, desejar, sentir e intelectivamente produzir, trabalhar e transformar a si e o mundo em que vive.

A pessoa é presença no mundo pelo corpo. Há correspondência entre o ser pessoa e o ser corpo, compreendido por meio de três dimensões, com base em Junges (2005, p. 76):

1. O CORPO COMO SUBSTÂNCIA MATERIAL – entende-se como a totalidade, a materialidade do corpo; em outras palavras, os tecidos, o sangue e ossos.
2. O CORPO COMO ORGANISMO VIVO – é a totalidade biológica, tais como os tecidos, os órgãos, enfim, as funções responsáveis para que haja a vida.
3. O CORPO COMO CORPO PRÓPRIO – representa a totalidade intencional ou pessoal, um evento pessoal. Somente nessa perspectiva se pode falar do corpo como expressão do sujeito.

A união do físico, do organismo e do próprio corpo expressam o "eu" corporal. A intencionalidade permite ir além do material e do biológico, no sentido de ser um corpo ativo e não um corpo passivo (apenas "estar aí"). O sujeito do corpo precisa fazer a experimentação de si próprio. Experimentá-lo por meio da intencionalidade é sentir prazer em comer, em descansar, em estudar, é a satisfação que se goza no conviver, é a realização na atividade física, na gratificação dos impulsos da paixão, do sexo, entre outros. Assim, por meio do corpo, ao experimentar as várias facetas da vida, abre-se a possibilidade de relação na comunicação, na extensão de comportamentos em relação a si mesmo, com os outros, com o mundo e, por que não, com Deus.

O corpo, como organismo e psiquismo vivente, participa de todas as realizações e reações da pessoa, ao mesmo tempo que ela se realiza por meio do corpo. Por isso, reveste-se da dimensão simbólica que possibilita criar a ordem vivente para ajudar a dar sentido à vida que se encontra em meio a um contexto de sofrimento, de angústia, de impotência diante do mal, da morte e de todas as inadequações existenciais. Por meio do corpo, a pessoa mostra a sua humanidade, o ser no mundo, seus sonhos, sua utopia e sua esperança.

A pessoa, ao identificar-se com o próprio corpo, dá significado e sentido a ele e, dessa forma, ultrapassa o próprio limite e o simplesmente estar no mundo. A pessoa tem a capacidade de ultrapassar as dimensões do próprio corpo. Nesse momento, ela surge como uma referência ética.

(2.4)
A pessoa como referência ética

O próprio viver da pessoa e as experiências que esta realiza no cotidiano são formas de conhecimento, com base nas quais adquire consciência dos seus afazeres. A pessoa não se faz em um único dia e tampouco em curto prazo, mas no decorrer de toda a sua vida. Isso indica que o ser humano aprende a ser ético, a ter atitudes pertinentes aos desafios que dão caráter ético à vida. Os conceitos de pessoa, de consciência e de imagem do corpo são alguns elementos do indivíduo na busca do seu ser ético. Oguisso e Zoboli (2006, p. 31) expressam que a construção da pessoa envolve:

- concepções, crenças e valores das vivências do processo de viver de cada pessoa;
- capacidade do ser humano de conhecer, adquirir e aplicar os valores às situações, de modo individual e coletivo;
- o modo como cada pessoa consegue olhar e compreender o mundo, a realidade;
- o que cada um faz com base no "eu" acaba por caracterizar a qualidade do ato como certo ou errado;
- o que cada pessoa faz, valendo-se daquilo que é e do que conhece; o que a afeta, modificando a realidade em que esta se encontra inserida.

A pessoa desenvolve o seu *éthos* com as outras pessoas, na relação pessoa-pessoa e sua inserção atuante no mundo. Essa é a referência ética no processo da evolução da pessoa. Pela capacidade racional de aprender as coisas do mundo, o outro utiliza a linguagem para expressar essa relação. Ao se expressar pela linguagem, o ser humano diz quem ele é, diz algo de si, estabelece uma relação com o outro, com o mundo, buscando a referência do ser ético. Isso implica as dimensões da subjetividade, objetividade e intersubjetividade.

Por meio da inteligência, o indivíduo apreende o mundo e o representa, tomando por pressuposto as referências do bem ou do mal ao viver subjetivamente. Ele objetiva o mundo por meio de seu agir; com base no entendimento subjetivo, vive e convive com os outros, inter-relacionando a razão, a emoção, a sensibilidade, como pessoa moral que vive os princípios estabelecidos pelo próprio homem. Vaz, citado por Oguisso e Zoboli (2006, p. 33), indica que a pessoa "é constitutivamente ética e o predicado de ética se estende a todas as suas manifestações psicológicas, sociais, políticas, jurídicas, profissionais e outras".

Na educação, abrange-se toda a dimensão do indivíduo: ele mesmo, os colegas, os professores, seu psicológico, seu mundo social como referência da construção ética.

(2.5)
A pessoa como sujeito da educação

Qual é o objetivo último da educação? Acreditamos ser a conscientização da criança/aluno. A pessoa, quando desenvolve a sua consciência, está apta para enfrentar os desafios que a vida e o mundo oferecem. Despertar a consciência crítica implica agir. É o início do caminho da libertação, que se inicia pela valorização da cultura em que o sujeito está inserido.

O mundo em que está inserida a pessoa é o mundo que lhe foi passado ou ensinado, sendo apreendido com base nas experiências vividas. Na escola, é importante que os professores tenham uma postura moral e ética e que compreendam que o estudante é o sujeito dessa ação. O elemento moral de referência é a coerência – entre o plano pedagógico, a prática das vivências, a cultura local e a crença no que o educador faz. O respeito pela pluralidade de entendimentos de mundo, do outro e da sociedade implica um esforço comum do educador na coerência teórica e prática.

A pessoa, como sujeito da educação, ao tomar consciência de que ela é pessoa, poderá ser humanizada. A educação é um recurso por meio do qual se oferece elementos de libertação, não predeterminados, mas assimilados com o passar do tempo, para que a pessoa aprenda a questionar a si mesma. Não se deve perguntar a ninguém o que devemos fazer na vida; devemos perguntar a nós mesmos. Ou, como devemos usar a nossa liberdade? Perguntemo-nos sobre a própria liberdade. Não se deve perguntar: "O que devo estudar e por que estudar?". Estudemos tudo e por nós mesmos!

Isso significa levar a sério a liberdade e responsabilidade criadora. Induz à busca de uma vida boa, uma vida humana, uma vida boa com os outros seres humanos. Implica tratar o outro como humano, escutá-lo como pessoa, em um processo recíproco. Oxalá a educação pudesse realizar esse papel com os educandos. A moral e a ética, tendo como base um entendimento profundo da cultura, concebem a humanização como um processo recíproco entre as pessoas. Conforme Savater (2002, p. 76), se os outros me fazem humano, "tenho de os fazer humanos; se para mim todas as pessoas são como coisas ou animais, também eu não serei mais de uma coisa ou um animal". A escola torna-se o lugar de excelência para adquirir hábitos humanos. Na sua singularidade, ela traz o indivíduo para dentro da sociedade, auxiliando-o a construir parâmetros morais e éticos.

Indicações culturais

PESSINI, L.; BARCHIFONTAINE, C. P. de (Org.). *Fundamentos da bioética*. São Paulo: Paulus, 1996.

Recomenda-se uma atenção especial ao Capítulo 7, cujo título é *Bioética e conceito de pessoa*. Esse capítulo amplia os diversos entendimentos sobre a Igreja, a biologia e a antropologia, de modo a fundamentar a nossa concepção de pessoa.

ROQUE, J. J. *Bioética*: perspectivas e desafios. São Leopoldo: Ed. da Unisinos, 2005.

O capítulo intitulado *A pessoa humana como categoria fundamental da bioética* nos remete a pensar quem é a pessoa humana. Esta precisa ser valorizada no seu todo, inserida num contexto bioético de mundo para compreender o significado e a abrangência da vida humana. É interessante que aquele que deseja ser professor tenha uma concepção de pessoa.

Atividades

1. Qual é a sua concepção de pessoa? Justifique sua resposta.
2. Comente as diversas concepções de pessoa com base nas ideias apresentadas no texto ou em outras fontes de estudo.

3. Qual é o papel do educador na formação da consciência da criança ou do jovem?
4. Comente sobre atitudes e crenças do professor como um ser ético.
5. Que situações de sala de aula favorecem a compreensão de pessoa e de corpo na construção individual e social do educando?

(**3**)

Moral e ética

Otávio José Weber

O ser humano deseja adquirir conhecimentos. Alguns buscam o conhecimento simplesmente para saber coisas novas; outros, para adquirir habilidade que lhes permita realizar algo; a maioria, para conseguir um trabalho e, como popularmente se diz, "ganhar a vida". Todos os conhecimentos são importantes. Não há necessidade de alguém ser especialista em todas as áreas do saber. É possível saber muito sobre determinada área e em outras áreas manifestarmos ignorância. A vida apresenta essas possibilidades.

Sustenta-se, com isso, que a pessoa pode aprender certas coisas e deixar outras de lado. A vontade da pessoa é que determina o que esta precisa saber e o que pode manter em estado de latência, para aprender em outra oportunidade. O fato é que se precisamos escolher, pois não somos capazes de saber tudo. Uma atitude em face dessa realidade é escolher e aceitar com muita humildade os saberes que ignoramos.

Para viver bem, é preciso saber que certas coisas são fundamentais para a vida. É preciso saber que, ao nos jogarmos na frente de um caminhão, podemos não sobreviver; que tomar banho de ácidos não nos permite chegar à velhice; que utilizar drogas constantemente arrasa a nossa saúde e dificulta a nossa convivência social; que implicar constantemente com colegas ou vizinhos pode trazer consequências futuras. São pequenezas que são importantes! O que queremos dizer é que cada um pode viver de muitos modos, mas há modos que não nos permitem viver.

Em síntese, há saberes imprescindíveis, mas há um conhecimento que é essencial: que existem coisas que convêm e outras, não. Se o desejo é de continuar vivendo, devemos escolher alimentos sadios, agregar pessoas, desenvolver atitudes e comportamentos certos. Para viver bem, é preciso escolher o que é "bom" ou o que nos "cai bem". Por outro lado, o que não convém "cai mal" e, portanto, deve ser evitado.

Para falar de moral e de ética, parte-se da seguinte premissa: saber distinguir entre o bom e o mau, conhecimento que todos nós pretendemos adquirir, pois dele podemos extrair compensações significativas para a vida.

(3.1)
Entendimento de moral e ética

Moral e ética – dois conceitos que precisam ser esclarecidos e compreendidos, pois, no dia a dia, são utilizados de forma indistinta. Sem dúvida, foi a filosofia que deu e dá um significado específico para os dois termos, embora, na sua origem, tenham um mesmo significado. É preciso desenvolver a sensibilidade e a percepção do alcance dessas duas palavras.

Conceito de moral e sua prática

Vázquez (1990, p. 14) afirma que "moral vem do latim *mos* ou *mores*, 'costumes', no sentido de conjunto de normas e regras adquiridas por hábito". Com base nessa explicação de Vázquez, pode-se deduzir que moral envolve atos, comportamentos, fatos e acontecimentos da existência humana. O ser humano faz a sua história dando sentido humano ao fazer e ao se relacionar com os outros. A moral se relaciona com a conduta real do ser humano no contexto de mundo.

Todos possuem uma moral, pois todos praticam ações que podem ser examinadas eticamente. A moral se apoia naquilo que a comunidade concebe como valor. Ela acontece de forma espontânea, voluntária, porque representa um valor para o indivíduo e para a comunidade que ele representa. Nesse sentido, a moral auxilia e regula as relações entre as pessoas. Postula-se, assim, uma "conduta obrigatória". Além disso, a moral garante uma coesão social num período histórico, podendo variar de uma época para outra ou de uma sociedade para outra.

A prática da moral, ou seja, as normas morais, são cumpridas pelos indivíduos por convicção. Como estas não são codificadas ou registradas oficialmente, ninguém pode obrigar o cumprimento da norma de forma integral. Por isso existem tantas diferenças no cumprimento das normas morais – estas estão apoiadas no contexto social.

Quando promovemos educação, é importante conhecer o contexto social do aluno, seus hábitos, suas atitudes, seus comportamentos e suas crenças vividas, percebidas, transmitidas e idealizadas. Um processo de educação se inicia pelo conhecimento moral dos alunos. Isso significa conhecer a prática das vivências no cotidiano, tomando como ponto de partida sua comunidade. Examinar de forma ética a moral pode elevar a moralidade. Daí a necessidade de entender o que é ética, em sua teoria e prática.

Conceito de ética: prática e teoria

O estudo da ética se inicia a partir dos atos morais. Os atos morais têm a sua origem nas vivências, valores e práticas de determinado grupo social, contextualizado em um tempo e espaço. A ética faz parte da natureza humana, pois ela reflete as condutas humanas. O que se entende por ética?

A ética surgiu dentro da filosofia. Como a filosofia se preocupa em saber o porquê de todas as coisas, a ética se tornou um objeto de reflexão sobre a conduta humana. Segundo Boff (2003, p. 38):

> *ética é parte da filosofia. Considera concepções de fundo acerca da vida, do universo, do ser humano e de seu destino, estatui princípios e valores, orientam pessoas e sociedades. Partamos dos sentidos da palavra ethos, donde deriva ética. Constatamos que a escrita da palavra ethos aparece em duas*

formas, [...] significando a morada humana e também caráter, jeito, modo de ser, perfil de uma pessoa; e [...] querendo dizer costumes, usos, hábitos e tradições.

Observamos, com base no conceito anteriormente exposto, que a ética tem uma abrangência maior do que a moral. Num primeiro sentido, *ética* significa "morada humana", "modo de ser", "caráter" e "perfil de uma pessoa". Essas características revelam que o ser humano é administrado de dentro para fora. A moral, como segundo sentido de *éthos*, é uma manifestação exterior prática percebida por meio do convívio social, como os costumes e as tradições. A ética é a teoria moral. Em outras palavras, a ética é a reflexão sobre os diversos atos praticados nas coletividades e sua relação com o bem comum. Decidir e agir numa situação concreta é um problema prático-moral. Investigar o modo pelo qual a responsabilidade moral se relaciona com a liberdade e com o determinismo aos quais nossos atos estão sujeitos, entre outras questões, é um problema que exige reflexão teórica. Isso é competência da ética.

A prática da ética implica vivência. Constata-se que há condutas morais não aceitáveis, como a discriminação racial, a aceitação da miséria, o não acesso à educação, a permissão da violência em todos os níveis, entre outras. Em face dessa realidade e de outras, a função da ética é desenvolver reflexões e indicar caminhos, para a resolução de hábitos ou condutas humanas não éticas. Ao indicar caminhos, está-se no campo teórico da ética. O agir ético implica dois caminhos – a ética da convicção e a ética da responsabilidade, pois somos constantemente desafiados a tomar decisões.

Ao se seguir o caminho da convicção, está se dizendo: tudo ou nada. Esse caminho implica os deveres, um respeito incondicionado às regras morais. A fé remove montanhas – na prática, isso pode ser constatado pelas pessoas que demonstram uma crença inabalável naquilo em que acreditam. Exemplificando: "Vou ganhar na loteria", "Sou torcedor do time; por maiores que sejam as dificuldades que ele venha a passar, não o abandonarei", bem como a crença em fazer o bem, auxiliando necessitados, ser professor, por maior que sejam as dificuldades, entre outros.

A ética da responsabilidade considera como fundamentais os resultados da ação. Qualquer ação desenvolvida por nós implica uma responsabilidade de maior ou menor grau. Portanto, não existe ação neutra. As ações de responsabilidade são entendidas como utilitaristas e finalistas. Sob o olhar utilitarista, pensa-se que as decisões deverão sempre produzir o máximo de bem para o maior número de pessoas. Na prática, isso significa que se deve atender o maior número de pessoas possível ao se tomar uma decisão. Sob o olhar finalista, sustenta-se que os fins justificam os meios utilizados. Para esse contexto, citamos como exemplo o uso do flúor na água (redução de doenças) e as vacinas em massa (prevenção de doenças). Tudo isso se refere ao viver bem.

O ato moral, seja utilitarista, seja finalista, deve ser aceito pela coletividade. Cada sujeito, ao agir, tem um motivo que o leva a determinado resultado ou fim. O motivo é o aspecto relevante do ato moral. Acrescentam-se a este, sem dúvida, a consciência e a liberdade. A consciência e a liberdade são a base do ato moral. Exemplo moral em que o fim não justifica os meios: foi cometida uma grande injustiça com um indivíduo qualquer. Para que a justiça se faça, deve-se agredir, espancar e amordaçar o agressor, ou seja, fazer justiça "com as próprias mãos". Hoje, proceder de tal forma é considerado um ato moral inaceitável. Para que a justiça seja feita, existe o Estado, autoridade legalmente constituída.

Para que o resultado almejado e o fim sejam considerados um ato moral, estes devem ser dados pela consciência do sujeito, sem coação, de forma voluntária.

Como afirmado anteriormente, existem coisas que convêm e outras, não. Thums (2003, p. 346) sustenta que a ética "não se ocupa com elementos de sobreviver, com elementos importantes de adaptação do sujeito ao mundo complexo. A ética se ocupa essencialmente com o viver bem da vida humana, a vida que transcorre entre os humanos". A moral e a ética são naturais ou são aprendidas? Trataremos sobre essa questão a seguir.

(3.2)
Aprendizagem da moral e da ética

O ser humano, ao nascer, traz consigo a capacidade de desenvolver a sua razão, ou a sua inteligência. À medida que ele aprende a pensar, o indivíduo é capaz de acessar e compreender a realidade que o desafia constantemente. A ética volta-se para o agir consciente, livre e responsável do ser humano, sendo essas as condições fundamentais do ato moral. O que é necessário para se agir bem? Para agir bem, é preciso conhecer as raízes morais da prudência e da boa conduta, bem como os costumes e os hábitos. A ética nasce da necessidade de se fazer o bem, é necessário que compreendamos isso. Essa tarefa se inicia com o nascimento e culmina com a morte; portanto, não existe um bem absoluto, ele precisa ser ensinado e aprendido.

Quem atua na área da educação precisa se dar conta de que o bem deve ser ensinado para poder ser aprendido. Não é uma tarefa fácil. Tem-se a capacidade natural de prendê-lo ou aprendê-lo. A criança, quando vivencia e participa de um ambiente favorável para a prática do bem, incorpora os valores para toda a vida.

Para a criança/pessoa agir bem, é necessário que haja um processo de aprendizagem. Isso requer tempo para a apreensão dos valores (do bem), bem como um espaço propício para a convivência entre as pessoas e o mundo em que estão inseridas. Esse mundo pode ser a família, a escola e a comunidade. Nesses ambientes, concretiza-se a aprendizagem do bem, por meio da observação, da participação, da fala, do diálogo, enfim, da busca e troca de conhecimentos e experiências.

A aprendizagem do bem emerge das práticas do cotidiano. A repetição sistemática do fazer das coisas organizadas resulta em questionamentos. É nesse momento que surge o espírito crítico, perguntando sobre a prática do fazer as coisas: "Podemos fazer algo nesse contexto?", "Com que recursos?", "Ao nos comprometermos, que implicações haverá?", "Que atitudes tomar diante dos problemas que surgem ordinariamente?", "Como auxiliar alguém que tem dificuldades de participar?", "As nossas ações são egoístas ou comunitárias?", "Como podemos desenvolver o bem comum?", "Na escola, que estratégias utilizar para que haja a aprendizagem dos valores?".

Essas e outras perguntas impulsionam a criança/pessoa a utilizar o que é tipicamente humano: a consciência e a vontade, as virtudes da prudência e da tolerância, imprescindíveis para estabelecer relações harmoniosas com as pessoas e o mundo em que se vive.

O mundo é o espaço no qual cada ser humano é lançado ao nascer. Significa que o ser humano já nasce dentro de uma história familiar e social. Estando no mundo, em um espaço e em um lugar, ele precisa fazer a sua própria história a partir de um mundo já construído. À medida que o ser humano se desenvolve, este vai adquirindo os princípios e valores no seio da família e da comunidade/sociedade, assumindo-os porque estes lhe são ensinados, podendo ser modificados ao longo da vida.

Esse mundo em que a pessoa nasce já está estruturado e fornece a base para que ela faça as suas escolhas diante das possibilidades que lhe são dadas. Faz parte da vida fazer escolhas. Uma situação é estar na vida e a outra com vida – estar com vida significa participar e criar novas possibilidades de estar no mundo. Devido a essa capacidade de ir além do que está já construído, ser humano produz algo fundamental: a ética. Por que isso é possível? Porque o homem pensa. Como ele aprende a pensar, aprende a agir conscientemente. Ao pensar, ele aplica aquilo que considera bom, agindo bem, para o bem.

Assim, a pessoa aprende, em cada etapa de sua vida, a enfrentar os novos desafios. Os valores que já fazem parte da cultura, o indivíduo os vivencia ou os altera, registrando, assim, a sua presença. Para a pessoa agir bem, faz-se necessário um processo de aprendizagem. O processo dessa aprendizagem requer tempo, espaço e amadurecimento. Fundamentalmente, essa aprendizagem ocorre mediante a convivência com as outras pessoas e com o mundo em que o homem está inserido.

(3.3)
Relação entre moral e ética

Nas seções anteriores, foram feitas algumas referências à relação entre ética e moral. Aprofundando mais a relação entre os dois conceitos, a ética e a moral, conforme Oguisso e Zoboli (2006),

> devem partir das experiências originárias que se encontram no cotidiano das pessoas para identificar os seus fundamentos, como a liberdade, os valores, o cuidar e o solidarizar-se com os outros. Desse modo, a ética e a moral buscam fazer com que as pessoas sejam melhores e mais responsáveis pelos próprios atos.

Se existe dificuldade na compreensão e no uso, em termos práticos e teóricos, dos conceitos de moral e ética, nada melhor do que estudá-los. A ética não é moral. Isso significa que ela não pode ser reduzida simplesmente a um conjunto de normas, hábitos e prescrições. A função da ética é explicar a moral existente e, ao mesmo tempo, pode influir na própria moral. A ética é uma só. O que existe são muitos costumes, condutas, princípios e normas. Não confundir os códigos de ética profissionais. Os códigos são de caráter normativo no sentido do *dever ser*. Assim, a ética normativa procura mostrar quais são as ações certas e quais são eticamente aceitáveis. Ela argumenta em favor de certos valores e condutas, oferecendo normas; por isso, é denominada *normativa*. Como se trata do *dever ser*, diz em que estado deveria se encontrar e o que se fazer. Por isso, confunde-se as normas postas e escritas com a ética.

A ética tem a proposta de levar o indivíduo à reflexão com fundamento nos princípios que norteiam a conduta e as tomadas de decisões. Em sociedade, é a moral que rege as relações, pois ela define a necessidade que o ser humano tem de criar regras para a convivência entre as pessoas. Assim, o objeto da ética é constituído pelos atos conscientes e voluntários das pessoas, que podem atuar sobre elas mesmas e sobre os outros. Os atos humanos são o objeto da moral e da ética como ciência. Numa relação dinâmica, de modo geral, moral e ética podem ser utilizadas como sinônimas. Aceita-se também que a ética pode ser definida como conjunto de práticas morais de determinado grupo social ou ainda como os princípios que norteiam essas práticas.

Ao se diferenciar ética de moral, argumentam Sung e Silva (2007, p. 13) que, geralmente,

> *visa-se distinguir o conjunto das práticas morais cristalizadas pelo costume e convenção social dos princípios teóricos que as fundamentam ou criticam. O conceito de ética é usado aqui para se referir à teoria sobre a prática moral. Ética seria então uma reflexão teórica que analisa e critica ou legitima os fundamentos e princípios que regem um determinado sistema moral (dimensão prática).*

Filósofos, profetas e sábios, no decorrer da história, questionaram os valores vigentes. Citando apenas dois grandes mestres da história que questionaram os valores e condutas de sua época, temos, primeiramente, Sócrates, que questionou os valores referentes à democracia ateniense. Isso lhe custou a vida, devido a um julgamento, sendo condenado a tomar um veneno mortífero: a cicuta. Posteriormente, temos Jesus Cristo, que, com a sua prática e seus ensinamentos, questionou profundamente a moral prática judaica de seu tempo. É nesse sentido, de crítica da moral estabelecida, que se emprega o termo *ética*.

O avanço da moral e da ética se dá quando os indivíduos ainda não são totalmente domesticados pelos valores vigentes. A ética reflexiva ou crítica questiona os costumes de cada sociedade. Ao discordar daquilo que já está imposto à realidade vigente, de forma crítica, está-se dialogando com a sociedade atual. A nossa vida não pode estar desvinculada da realidade e nem deve estar sujeita a tudo o que aí está. Cada ser humano desenvolve o seu ser no mundo de forma livre e responsável. De acordo com Sung e Silva (2007, p. 14),

> *a experiência de estranhamento frente à realidade, de sentir--se estranho (fora da normalidade) diante do modo como funciona a sociedade, ou até mesmo em relação ao modo de ser e agir de outrem[, é] a descoberta da diferença entre o que é e o que deveria ser: a experiência ética fundamental.*

O estudo da ética na atualidade está além da moral da Idade Média. Hoje, temas como a corrupção, a miséria, o uso de entorpecentes, a violência e a nossa convivência com o meio ambiente tornaram-se de uma complexidade sem precedentes. O problema é que não estamos acostumados a refletir sobre essas questões. A ética precisa ser pensada com base no contexto social. As respostas que damos aos problemas quase sempre são instintivas ou automáticas ou apresentam-se receitas prontas. Em outras palavras, reproduzimos os costumes do grupo social ou do contexto em que estamos inseridos.

(3.4)
Indícios da evolução da moral/ética[a]

Desde que o ser humano começou a registrar suas condutas morais/éticas, percebe-se uma evolução. A moral (ciência) é histórica, porque é um comportar-se de um ser – homem – que, por natureza, é histórico, que se faz ou se autoproduz constantemente na sua existência material, prática, como um ser espiritual e moral.

A maioria das doutrinas éticas tem a sua origem em princípios absolutos na existência histórica concreta. Dessa forma, a origem da moral situa-se fora da história, um a-historicismo moral, fora de um homem concreto e moral.

A reflexão ética segue três dimensões a-históricas:

1. DEUS COMO ORIGEM OU FONTE DA MORAL – as normas morais derivam de um poder sobre-humano, cujos mandamentos, princípios e normas morais fundamentam a vida. Logo, as raízes morais não estão no próprio ser humano, mas fora e acima dele: em Deus. As pessoas, ainda hoje, de uma forma ou de outra, dizem, na miséria ou nas catástrofes, que "Deus quis assim, espero tudo de Deus, nada mais posso fazer" e "Que Deus me ajude". São indícios de que as pessoas esperam que as soluções para a vida venham de fora. Aqui, não se nega a crença em Deus, mas se quer chamar o indivíduo para a responsabilidade que este tem para com a sua vida.
2. A NATUREZA COMO ORIGEM OU FONTE DA MORAL – a conduta moral do ser humano seria uma conduta natural e

---
a. A Seção 3.4 é baseada em Vázquez (1990).

biológica. As qualidades morais, como a ajuda mútua, a disciplina e a solidariedade teriam a sua origem nos instintos. Darwin (2000) chega a afirmar que os animais experimentam quase todos os sentimentos dos seres humanos: amor, felicidade, lealdade, entre outros. A natureza instintiva se sobrepõe ao homem.

3. O SER HUMANO COMO ORIGEM E FONTE DA MORAL – é um ser humano dotado da essência eterna e imutável inerente a todos os indivíduos, sejam quais forem as vicissitudes históricas ou situações sociais. A moral faz parte do ser do indivíduo, que perdura e dura no decorrer das mudanças históricas e sociais. O centro de gravidade se desloca para o ser humano, mas um ser humano abstrato, irreal, situado fora da sociedade e da história.

As três concepções coincidem quando procuram a origem e a fonte da moral fora do ser humano concreto, real, ou seja, do ser humano como ser histórico e social.

A moral efetivamente surge quando o ser humano supera a sua natureza puramente natural, instintiva, adquirindo uma natureza social, quando já é membro de uma coletividade (família, grupo de trabalho, instituição, clube etc.). A regulamentação moral surge quando o ser humano começa a se relacionar com os demais (sujeito e objeto), formando uma consciência, mesmo que imprecisa. Dessa relação, evidenciam-se as normas ou prescrições que o governam.

O progresso moral verifica-se quando:

- há uma ampliação da esfera moral na vida social. Constata-se tal fato quando as relações dos indivíduos não são mais apenas regidas pelas normas e costumes externos, mas quando os seres humanos vão além deles. No trabalho, por exemplo, não só se trabalha pela recompensa econômica, mas se entende que o trabalho é uma fonte de realização, sentido e dignidade. Nisso consiste a ampliação da vida social e do progresso moral.

- há a elevação consciente e livre do comportamento das pessoas na esfera individual e social, ou seja, pelo crescimento da responsabilidade dos indivíduos e dos grupos. Uma sociedade se torna mais rica moralmente quando há consciência, liberdade e responsabilidade no que tange às decisões individuais e coletivas dos seus atos. O progresso moral é inseparável do desenvolvimento livre da personalidade. Indivíduo e coletividade se complementam.
- há um grau de articulação e de coordenação dos interesses coletivos e pessoais. Nessa articulação, há a possibilidade do livre desenvolvimento da pessoa no atendimento dos interesses da comunidade e de uma organização social, ambos conjugados com os próprios interesses. A pessoa serve à comunidade e a comunidade serve à pessoa.
- há um movimento ascensional, como um movimento dialético, entre o antigo e o novo, entre a negação e a preservação de elementos morais anteriores. O processo dialético envolve a negação de velhos valores, a conservação de outros ou a incorporação de novos valores e virtudes morais, com base no progresso histórico-social. Este condiciona essa negação, preservação ou incorporação de determinados valores morais, permitindo uma linha ascensional de mudança e de sucessão de novas formações sociais.

O conjunto de ideias desenvolvido remete à compreensão da moral e da ética. Desde a origem das palavras *moral* e *ética*, percebemos que elas estão presentes na vida das pessoas. Estas querem viver melhor. Para tanto, elas estabelecem costumes, normas e refletem sobre o seu viver. Ao refletirem, aprendem a moral e a ética, descobrindo o caminho da liberdade e da responsabilidade pessoal e social. Assim, a moral é uma prática do viver e a ética é pensar o *viver bem*. A relação entre a moral e a ética indica a evolução de ambas na evolução da história da humanidade, demonstrando ser fundamental para a prática educativa e para a formação da consciência das crianças e dos jovens para uma vida boa.

Indicação cultural

SAVATER, F. *Ética para meu filho*. São Paulo: M. Fontes, 2002.

Falar para crianças, e mesmo para adultos, sobre moral e ética é complexo. É preciso ter conhecimento dos conceitos básicos desses termos. Fernando Savater, numa linguagem simples, fala para seu filho de 12 anos, com base no dia a dia, sobre esses dois importantíssimos temas.

Atividades

1. Quais são as semelhanças e as diferenças entre a moral e a ética? Conceitue os dois termos.
2. Qual o legado moral que deixaremos para as gerações futuras? Justifique sua resposta.
3. Como professor, que situações em sala de aula podem ser utilizadas para a aprendizagem da moral e da ética?
4. Qual a responsabilidade moral e ética que possuímos, como professores, para a formação das pessoas para o mundo pessoal e social?
5. Identifique atitudes, comportamentos e crenças dos alunos que dão indícios de que houve uma evolução moral e ética.

(4)

Ciência e ética

Otávio José Weber

O mundo no qual se vive hoje dispensou a ideia de uma vida eterna feliz; ele dispensou a crença em Deus, relativizou os valores, a moral e a ética, a educação e o sentido de ter fé (seja em algo superior, seja na própria vida). A lógica da técnica, dos ganhos e lucros e do conhecimento científico, ou seja, a ciência, está presente em todos os momentos da vida. Hoje, quem tem acesso à ciência é monitorado na gestação, no nascimento, na vida e na morte. A vida privada é inculcada pela ciência. Pedidos de socorro surgem diariamente: solicitações de emprego, auxílio nas doenças, pedidos de amizade, de solidariedade, alunos procurando um espaço, pais preocupados com os filhos, a busca do responsável por algum ato de violência ou corrupção, ou seja, o ser humano está à procura de algo mais que a ciência/tecnologia oferece. Algumas características do fazer científico, o que é específico da ética e suas semelhanças com esta é o termo *bioética*, que abrange o trabalho, a educação e a vida, aspectos a serem abordados neste capítulo.

(4.1)
O *fazer ciência*, a ética e a relação entre eles

A humanidade sempre produziu ciência e ética. Egípcios, incas e astecas, a cidade de Machu Picchu (Peru, fortaleza inca), a construção de navios, a descoberta do átomo, a viagem à Lua, o desvelamento do código genético são testemunhos da arquitetura e da engenharia científicas; o Código de Hamurabi, os Dez Mandamentos da Lei de Deus e o surgimento de filósofos (Sócrates, Aristóteles, Santo Agostinho, São Tomás de Aquino, Kant e, na atualidade, Roberto Romano, Peter Singer, Joaquim Clotet, entre outros) demonstram que a ética acompanhou o desenvolvimento da humanidade.

Aproximadamente até o século XVIII, ciência e a ética tinham uma abordagem mesclada, sendo discutidas como se uma fosse inerente à outra, mas com seus sentidos específicos. Era a filosofia que desempenhava essa função. Até Kant (1724-1804), a filosofia era considerada a "rainha das ciências". Exemplo dessa percepção é Galileu Galilei

(1564-1642), que fazia ciência e acreditava em Deus, pois seu incentivo vinha da própria Igreja. Posteriormente, por pressões diversas, esta o condenou. A partir do século XVIII, as ciências se desdobraram.

A questão que se coloca é a seguinte: Qual o lugar que hoje a filosofia e a ética ocupam no contexto das ciências? A ética surgiu dentro da filosofia. Ela é uma disciplina estudada dentro do curso dedicado a essa área do conhecimento. Os educadores precisam entender esse contexto das ciências. Durante a história, o ser humano produziu múltiplos saberes, conforme Weber (1998, p. 86), classificado em três grupos:

1. CIÊNCIAS FORMAIS – são aquelas idealizadas pelo ser humano. Dão autonomia para a razão, a fim de poderem realizar outras ciências. A matemática, com todas as suas ramificações, e a lógica desempenham essa função. Elas foram inventadas e criadas pela razão humana. Por isso de *ordem idea*.

2. CIÊNCIAS EMPÍRICO-FORMAIS OU EXPERIMENTAIS – essas ciências expressam a autonomia da razão ao processarem os dados provenientes da experiência. Por meio delas, construímos ou reconstruímos a realidade de forma conjectural ou teórica. Ocorre o rompimento com a realidade e com o senso comum, pois elas conhecem a causa das coisas. Exemplo: física, química, biologia e medicina.

3. CIÊNCIAS HERMENÊUTICAS OU INTERPRETATIVAS – buscam a compreensão dos fatos sociais, do mundo real humano ou de acontecimentos humanos, utilizando a interpretação. É a compreensão da realidade humana, seja ela positiva ou negativa, assim como os valores se manifestam na sua cultura. Procura entender a realidade

de modo científico. Exemplo: sociologia, psicologia, economia, direito, pedagogia, entre outras. A figura a seguir visualiza o lugar e a função que a ética ocupa no mundo das ciências.

Figura 4.1 – Lugar da ética no contexto das ciências

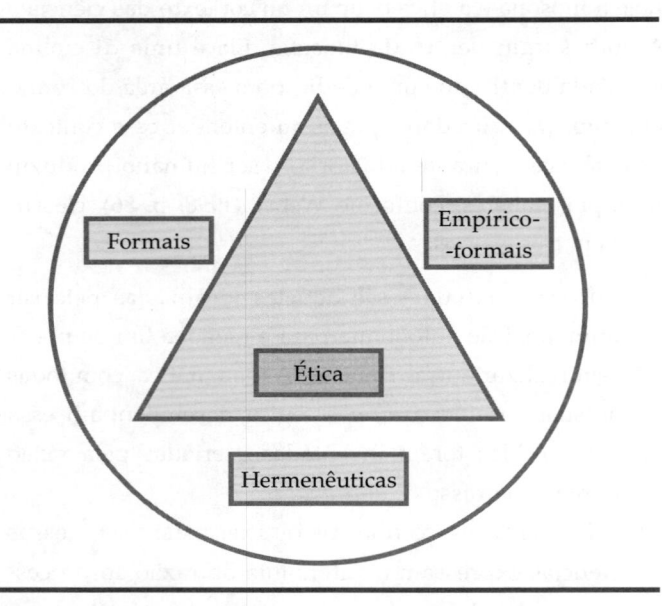

```
        Formais            Empírico-
                           -formais

                Ética

           Hermenêuticas
```

A ética é a ciência que perpassa todas as outras ciências, relacionando-se com todos os conhecimentos produzidos. Com base no conhecimento produzido, a ética se posiciona como uma atitude crítica e reflexiva sobre o que convém ou não. O certo é afirmar que existe uma única ética e não várias éticas. A liberdade, a responsabilidade, o respeito, a autonomia, entre outros, são valores universais que dão a base para uma vida pessoal e social. A ética é igual em todas as áreas do saber. O que muda é a reflexão que se faz por meio do objeto de investigação das ciências dentro de uma cultura específica e sua reflexão sobre o que é definir ética. Como já dissemos, todos os códigos de ética profissional são normativos e dizem o que se pode ou não fazer em situações específicas em cada área do saber. A referência para a elaboração dos códigos é a ética.

Nessa linha de pensamento, é necessário fazermos o seguinte questionamento: O que é específico do *fazer ciência*? O que é específico do fazer ética? Qual a relação entre ambas? Saber diferenciar ciência e ética e determinar a relação entre elas permite ao educador desenvolver noções precisas sobre a aprendizagem de conteúdos científicos, sobre o trabalho e sobre os saberes para se ter uma vida boa. Apresentam-se, primeiramente, algumas características que identificam o *fazer ciência*, segundo Kuiava (1996):

- o objetivo da ciência é a busca da verdade por meio da pesquisa, ao utilizar métodos e técnicas específicas; ela quer conhecer as causas e explicar, de maneira objetiva, a natureza e a presença do ser humano como sujeito da ciência;
- a ciência não é normativa, no sentido de elaborar regras e comportamentos éticos;
- a ciência se exprime por meio de um conjunto de enunciados, proposições e juízos sobre o QUE AS COISAS SÃO; ela diz: "É assim";
- ela não se ocupa com seus fundamentos e com as consequências da sua aplicação, ou seja, o *dever ser*;
- a ciência se debruça sobre o objeto, descobre o QUE ELE É, faz e diz: "Está aí";
- a ciência tem um valor intelectual, é conhecimento cujo objetivo é encontrar a verdade objetiva em relação às coisas e aos objetos;
- a ciência apresenta uma coesão externa, um arcabouço técnico e científico que pode ser observado e utilizado por todos.

Mas, o que caracteriza a ética? Kuiava (1996) faz as seguintes considerações:

- o objetivo da ética é fazer o bem;
- a ética pode ser normativa e descritiva sobre a conduta e o comportamento moral;
- a ética considera a moral existente, desenvolve reflexões e indica o caminho do *dever ser*, o que se deve fazer;
- a ética faz a avaliação moral sobre a atividade do cientista, não para recriminá-lo, mas para ajudá-lo a compreender que a atividade que desenvolve não é neutra; tem repercussão na vida das pessoas e da sociedade, ou seja, faz uma avaliação da aplicação teórica ou prática da ciência;
- a ética avalia a liberdade e responsabilidade do cientista;
- as normas são seguidas por meio de uma escolha pessoal e subjetiva, com base na liberdade e na responsabilidade;
- a ética faz uma apreciação sob o ponto de vista do certo e do errado, do bem e do mal;
- a ética apresenta uma coesão interna; o ser humano é administrado de dentro para fora; a consciência representa a compreensão do *dever ser*, apresentando o ajuste interno, com os outros e com a sociedade.

É característica do *fazer ciência* separar o objeto de estudo, para que se possa compreender o que é específico, no que se diferencia e se há complementaridades. Que relações existem entre ciência e ética? Kuiava (1996) indica as seguintes:

- o fazer ciência é de livre iniciativa, o cientista coloca em jogo o seu interesse e sua vontade própria de

desvendar o universo: isso implica opções morais e os valores do pesquisador;
- a investigação científica e o saber decorrente da pesquisa exigem do cientista honestidade intelectual, desinteresse pessoal, decisão pessoal em defesa da verdade e crítica à falsidade;
- a ética não diz respeito ao conteúdo interno da ciência, assim como a ciência não fornece respostas às questões éticas, pois cada uma tem seu método próprio de investigação;
- a análise científica, tanto da ciência como da ética, contribuem para esclarecer as implicações das escolhas éticas e científicas;
- a ciência pode trazer enormes contribuições para a análise de situações sob o ponto de vista ético – doação de órgãos, morte, eutanásia, trabalho, educação – para, a partir de então, dizer algo a respeito do *dever* ser.

Por caminhos diferentes, é possível chegar a um mesmo destino. Ética e ciência não são contraditórias, não se anulam, são complementares, pois cada uma oferece elementos preciosos para qualificar a vida humana. A ciência auxilia a distinguir o certo do errado, o bem do mal, apresentando propostas, respostas ou soluções para os problemas teóricos e práticos da vida; a ética é o exercício da conquista livre e responsável do viver.

A tecnologia, fruto da ciência, aparentemente gera laços de unidade entre as pessoas e os povos. No entanto, o bem-estar tecnológico é abstrato, mecânico e mercantilista. A reflexão, campo da ética, sobre a realidade do mundo atual nos faz perceber que existem forças divisoras de identidade, de etnia, de religião e guerra entre os povos. A ciência criou e executou os seus megaprojetos: a descoberta do átomo (a aplicação da energia atômica, guerra, 1945), viagem espacial (Projeto Apolo, 1969), Projeto Genoma Humano (1990) ou biomedicina (Pessini; Barchifontaine, 1996), e, atualmente, o início da simulação em laboratório do fenômeno do *big bang*, a grande explosão inicial do universo. Tamanha evolução fez com que a própria ética apresente hoje uma nova terminologia: *bioética*. A bioética é uma nova forma de ver o mundo, a educação e o trabalho. Trataremos a seguir sobre esse tema.

(4.2)
Bioética, educação e trabalho

Houve um progresso científico significativo das ciências tecnológicas e das ciências da vida nas últimas décadas. A partir da década de 1960, surgiram questões específicas na área da saúde (hemodiálise, transplantes, pesquisas com seres humanos) que exigiram a participação de diversos setores da sociedade para ajudar a decidir quem seriam as pessoas escolhidas a se submeterem a esses tratamentos. Anos mais tarde, surgiu a biomedicina (Projeto Genoma Humano, DNA, inseminação artificial humana), que revolucionou toda a área da medicina e, evidentemente, a vida humana. Juntam-se os adventos tecnológicos, os avanços biomédicos com as novas situações da vida humana no trabalho e na educação. O termo escolhido que abrange todo esse conhecimento é *bioética*. Por que falar em bioética no caso da educação e do trabalho? Pessini, citado por Oguisso e Zoboli (2006, p. 121), ao se referir à bioética, diz:

Desde o início, chamei bioética como uma nova disciplina que combinaria conhecimento e reflexão. Ela deve ser vista como uma abordagem cibernética em relação à contínua busca de sabedoria pela humanidade, que defini como o conhecimento de como usar o conhecimento para a sobrevivência humana e para o aperfeiçoamento da condição humana. Concluindo, peço a você que pense em bioética como uma nova ciência ética que combina humildade, responsabilidade e uma competência interdisciplinar, intercultural e potencializa o senso de humanidade.

A humanidade se encontra em seu estágio de exploração máxima da natureza (questão da ecologia), com uma produção industrial sem precedentes (poucos têm acesso), em um período de consumo, obsolescência e descarte dos objetos. Em todos os setores da vida humana, exige-se uma nova postura. É preciso repensar a educação e o sentido do trabalho num contexto local e mundial que atenda ao interdisciplinar, ao intercultural e a todas as questões que implicam mais vida. A bioética tem essa abrangência porque é um "estudo sistemático das dimensões morais, incluindo a visão, a conduta e as normas, das ciências da vida e da saúde, utilizando uma variedade de metodologias éticas num contexto interdisciplinar" (Oguisso; Zoboli, 2006, p. 120).

A bioética dá a dimensão da compreensão holística do mundo. Auxilia a compreender o agir ético no mundo. A compreensão ética torna-se um princípio para que seja possível atender a tudo e a todos numa visão interdisciplinar. A bioética torna-se a referência para o agir humano, não mais observando tão somente o particular ou o singular, mas o todo das naturezas física e humana. Esse é o grande desafio da educação e do trabalho.

A educação, no contexto escolar, numa visão bioética, poderia estimular e praticar os valores da fraternidade e do cuidado. Hoje, mais do que nunca, não se pode viver nem conviver sozinho no planeta. A fraternidade e o cuidado para com a natureza, com os outros e com o mundo tecnológico são exigências de sobrevivência para se ter uma vida boa.

A escola é um espaço para onde são trazidos os conflitos do cotidiano, ou seja, o mundo está na escola. Em teoria, abordam-se os problemas do planeta, da ecologia, da educação e da vida. O conhecimento teórico não é suficiente para a resolução dos problemas. Na escola, é preciso criar espaços e situações que permitam a convivência fraterna entre a natureza e as pessoas, seja no âmbito escolar, seja em outras realidades. A fraternidade se inicia pelo conhecimento dos colegas. Conhecer os colegas significa ampará-los nas dificuldades, sejam existenciais, sejam de conhecimento. Sabe-se que a tecnologia é hermética, impossibilitando o acesso das pessoas. A tecnologia, por si só, não educa, não é fraterna. Humanizar a tecnologia consiste na intervenção do indivíduo para dar sentido e significado a ela. Somente uma educação fraterna na escola prepara o indivíduo para fazer uma intervenção técnica-científica e humana. É necessário ensinar e aprender a trabalhar com a tecnologia, para que o indivíduo a utilize de forma mais humana.

A fraternidade pode ser aprendida na escola por meio do telefone celular, do computador e de todos os recursos eletrônicos que a criança e o adolescente têm acesso em casa. Por que na escola o contexto de vida de cada criança é pouco considerado? Que trabalhos se fazem na biologia, na química, na física, no ensino do português, da matemática, da história e da geografia, com base em elementos da natureza? Que elementos fraternos podem ser constatados nela (a vida animal, a harmonia do sol, da Lua, da vegetação)?

Hoje, mais do que nunca, vivem-se liberdades muito grandes. A pluralidade de visões, de ideias, de compreensões de mundo, de pessoa e dos objetos (produtos da ciência), riquezas fantásticas da mente humana, caracteriza uma sociedade complexa. A bioética estimula como valor importante nesse contexto a fraternidade. A educação tem este papel preponderante: abrir novos caminhos, novas fronteiras e indicar uma direção à regeneração da responsabilidade e de fraternidade. Abrir esperança para que o educando, com o conhecimento de mundo e da ética, realize sua vida na dimensão da bioética. Cuidar da natureza e dos outros é um valor bioético.

O cuidado provém dos questionamentos que se fazem tomando-se por pressuposto as concepções morais e éticas existentes na atualidade. Os rumos da humanidade indicam que é preciso fazer um trabalho de cuidado que implica a consciência da relação entre as pessoas, a responsabilidade solidária, a liberdade nas opções, além de acreditar que a negociação é uma forma de comunicação que auxilia na resolução dos conflitos entre pessoas e povos.

O cuidado ao qual nos referimos aqui não é com os inimigos ou com os direitos dos rivais, mas, sim, com a responsabilidade de pensar o contexto em que se está inserido. É o de incentivar na escola o cuidado nos relacionamentos, a participação nas atividades, o zelo pelo humano, pelos valores, pela ecologia do ambiente escolar (limpeza, lixo, preservação do patrimônio, da natureza, do jardim); criar situações positivas de cuidado para com a vida escolar. Assim, a vida ética implica bioética, que vai além das regras estabelecidas. O cuidado é nutrido por meio de vivências intensas, de simpatia e de tudo o que é humano. O trabalho faz parte da vida de qualquer pessoa. A escola desenvolve um trabalho solidário de aprendizagem.

Crianças e jovens estão inseridos numa coletividade. Nesta, aprendem a trabalhar de forma solidária em defesa dos mais fracos, pelos direitos humanos, pela democracia, pela ecologia e pelo combate à exclusão social. Práticas educativas na escola ou fora dela formam os educandos para a vida do trabalho manual e intelectual, caracterizando uma sociedade ética solidária, fraterna e do cuidado.

A bioética nos ensina que nenhuma ideia é mais ou menos valorizada por ser secular, política, religiosa, ateísta ou por pertencer a este ou aquele professor ou a determinada tradição moral. Na educação e no trabalho, a bioética tem por objetivo à promoção da saúde física e mental, à sobrevivência da humanidade, à justiça social para uma moral de responsabilidade que tem por objetivo uma vida boa hoje. Uma vez atendidas as necessidades das crianças e dos jovens, fez-se uma ponte. Uma ponte que liga o passado com o futuro, na qual todos podem passar, sem deixar alguém de lado ou sofrendo danos.

Ciência e ética, em princípio, desenvolvem o bem-estar das pessoas. A ciência se aprende, a ética e a bioética são aprendidas, o trabalho é um fazer aprendido e a educação desenvolve um processo interdisciplinar na formação da pessoa, para si e para o mundo. O fato de a crença em um mundo melhor e a fé nas pessoas não poderem ser comprovadas faz com que se creia no improvável que tudo o que se faz tem finalidade e valor. A ciência, juntamente à fé e à esperança, é uma aposta, um trabalho que afirma que a vida tem finalidade e valores, não se resumindo à sobrevivência. O que a escola pode fazer nesse contexto de integração entre ciência, ética/bioética e trabalho?

Os professores precisam conhecer em profundidade o mundo atual e as pessoas. A ciência nos educou para pensar os problemas de uma forma separada. Fomos educados a realizar tarefas em separado no trabalho. São os especialistas. Aprendeu-se a separar muito bem, mas não se educou para reunir. Os professores, na escola ou fora, têm a missão de religar. A bioética religa, não pensa as coisas em separado. A natureza está religada entre os ecossistemas, as sociedades etc. A religação é uma necessidade para o pensamento. Na escola, como são religadas as disciplinas e estas com a vida? Dá-se uma atenção para religar a amizade, o amor, a liberdade, a fraternidade, o cuidado? Tudo isso nos leva a uma humanização e a uma vida feliz. Oxalá poderíamos trabalhar isso na escola!

Indicações culturais

OGUISSO, T.; ZOBOLI, E. Bioética: gênese, conceituação e enfoques. In: _____. *Ética e bioética*: desafios para a enfermagem e a saúde. Barueri: Manole, 2006.

Recomendamos uma leitura mais apurada desse capítulo para que se possa compreender a trajetória a abrangência e os diversos diálogos que precisam ser realizados hoje na sociedade e na escola. A bioética está no centro da construção da humanidade.

PENA-VEJA, A.; ALMEIDA, C. R. S.; PETRAGLIA, I. (Org.). *Edgar Morin*: ética, cultura e educação. 3. ed. São Paulo: Cortez, 2008.

Recomendamos uma especial atenção à primeira parte do livro, que aborda a ética e o imaginário. A humanidade apresenta conflitos pessoais e institucionais que precisam ser resolvidos. Os diversos pontos de vista, científicos ou não, construídos no decorrer da história, não podem ser simplesmente reproduzidos, mas reorganizados para uma vivência fraterna.

Atividades

1. Qual a posição ou lugar que a ética ocupa no contexto das ciências?
2. Quais são as diferenças e as semelhanças entre o *fazer ciência* e a ética? Como elas se complementam?
3. Identifique, no ambiente escolar, questões que merecem uma abordagem bioética. Justifique sua resposta.
4. Planeje atividades interdisciplinares para a sala de aula que atendam às concepções da bioética.

(5)

Liberdade e responsabilidade

Os dois valores essenciais da moral e da ética são a liberdade e a responsabilidade. Elas são interdependentes e complementares. Cada pessoa é livre para fazer o que quiser. Esse fazer livre sempre implica uma responsabilidade, embora seja possível tomar qualquer atitude que não necessariamente implica uma responsabilidade, ou seja, realiza-se uma ação qualquer e podemos nos esquivar da responsabilidade. O inverso não é possível. Já se fez referência, no Capítulo 3, sobre moral e ética, que há algo imprescindível para a vida: que há coisas que convêm e outras que não.

Savater (2002, p. 28) afirma que é "certo que não podemos fazer qualquer coisa que queiramos, mas também é certo que não somos obrigados a querer fazer uma única coisa".

(5.1)
A pessoa como ser livre

A pessoa tem a capacidade de transcender o aqui e o agora, compreender o seu passado e planejar seu futuro, ter crença no que faz e a capacidade de escolher diante de um conjunto de circunstâncias da vida. De todos os condicionamentos que a vida impõe, a única liberdade possível é tomar uma atitude em face de tudo o que acontece. A atitude é a capacidade humana de transcender as dificuldades e descobrir a verdade que oriente o indivíduo durante a sua existência. Portanto, a base da liberdade está na capacidade do ser humano de transcender a si e as suas circunstâncias. Não há nada de imaginável que possa condicionar o ser humano de tal forma que o prive da mínima liberdade. Mesmo um indivíduo neurótico ou psicótico sempre preserva um resto de liberdade. No entanto, é importante esclarecer que não somos livres para escolher o que nos acontece e conseguir impreterivelmente o que queremos alcançar.

Em face de certas circunstâncias, sobretudo as que se referem à natureza e ao cotidiano da vida, não se está livre para escolher nem prever o que pode acontecer. Exemplos: necessariamente precisa-se comer, tomar água e descansar; escolha dos pais, ter cabelo loiro ou preto, olho verde ou azul, ser bonito ou feio, envelhecer e morrer, ser assaltado, atingido por um raio e outras fatalidades que podem acontecer. Em contrapartida, estamos livres para respondermos ao que nos acontece de uma ou de outra maneira. Saber se posicionar e tomar atitude diante dos acontecimentos. Pode-se escolher o que comer, quanto comer e quando se quer comer, falar desta ou daquela maneira, criticar ordens recebidas, contestar valores no dia a dia, dirigir com precaução. Todavia, não estamos livres para escolher o que nos acontece, mas somos livres para responder ao que nos acontece de várias maneiras.

Também não se está livre para conseguir algo impreterivelmente. Conseguir algo a todo e qualquer custo seria onipotência. A liberdade é conseguir algo com base em alternativas e propostas para poder escolher. A liberdade é a possibilidade humana. O ser humano tem a capacidade de agir, isto é, de desenvolver ações. As ações dependem de nossa vontade. Isso é ser livre. Existem ações que não dependem de nossa vontade, mas da vontade de outros; por isso, é preciso aprender a conviver. À medida que a convivência se dá, haverá limitações à nossa vontade e, consequentemente, isso limitará a nossa liberdade. Havendo limitação, isso não significa a perda da liberdade. Torna-se conveniente conhecer-se a si mesmo e o mundo em que se vive. Talvez as pessoas tenham mais conhecimento das limitações de sua liberdade do que conhecimento das dimensões da sua liberdade. Somos ou não somos livres?

No cotidiano, recebem-se inúmeras informações por meio da mídia sobre a corrupção, sobre autoridades que nos manipulam, sobre crise de alimentos e a falta de dinheiro para suprir as necessidades básicas; a respeito de drogas que escravizam os jovens, a falta de dinheiro para dar uma educação para os filhos e, assim, a mídia tenta modificar o modo de pensar e agir das pessoas. Ao aceitarem esse discurso, consciente ou inconscientemente, as pessoas sustentam que se sentem momentaneamente satisfeitas e apresentam uma sensação de liberdade. Sem espírito crítico, fazem aquilo que os outros dizem.

Ser livre ou não, em certo contexto de realidade, é muito difícil. Conta Savater (2002, p. 31) que, na Antiguidade, havia um filósofo romano que

> *discutia com um amigo que negava a liberdade humana e afirmava que todos os homens não tem outro remédios senão fazer o que fazem. O filósofo pegou sua bengala e começou a golpear o amigo com toda a força. "Pare, chega, não me bata mais!", dizia o outro. E o filósofo, sem parar de espancá--lo, continuou argumentando: "Você não está dizendo que não sou livre e que não posso evitar fazer o que faço? Pois então não gaste saliva pedindo-me para parar: sou automático". Enquanto o amigo não reconheceu que o filósofo podia livremente deixar de golpeá-lo, o filósofo não suspendeu as bengaladas.*

A condição de sermos humanos nos permite inventar e escolher a maneira de como queremos viver. A condição de sermos livres nos dá a chance de nos enganarmos. Como podemos optar, é possível escolhermos o caminho do bem ou do mal. Seja como for, é prudente desenvolvermos um modo de viver que nos permita acertar, saber viver ou viver com sabedoria. Essa escolha chama-se *ética*. A liberdade nas opções é o caminho da libertação do ser humano. A liberdade sem responsabilidade é apenas a metade do caminho da realização humana.

(5.2)
A pessoa como ser responsável

A realização humana ocorre por meio do exercício da liberdade e da responsabilidade. A liberdade não é a última palavra, apenas é parte da história e metade da verdade. Elas são interdependentes, complementares. A liberdade seria como o aspecto negativo de qualquer fenômeno, cujo aspecto positivo seria a responsabilidade. Para entender, o aspecto negativo da liberdade pode degenerar em outra arbitrariedade, se não assumida e vivida com responsabilidade. Exemplo: como pessoas e estudantes, somos livres para ler e estudar. Realizamos atividades intelectuais de forma desonesta: copiamos trabalhos de outros, colamos na prova, colocamos o nome num trabalho do qual não participamos, na hora de apresentação do trabalho inventamos uma desculpa.

Se não modificarmos essas atitudes, de forma livre e responsável, entramos em outra confusão ou arbitrariedade. A tarefa de realizar leituras e estudar para vencer a prova e os obstáculos da vida só ocorrem quando nos tornamos responsáveis pelas nossas ações. Aqui está o desafio da pessoa humana: ela precisa encontrar um sentido para sua vida e se tornar responsável pelo cumprimento desse sentido da existência. Cabe a pergunta: Diante de quem somos responsáveis? Essa forma de questionar torna a pessoa aberta para o diálogo com outros indivíduos e com o mundo. A pergunta "para quê?" é fechada, não tem amplitude. Assim, a responsabilidade é uma descoberta que dá prazer, orientada pela vontade de poder e pela vontade de descobrir um significado para a vida. Savater (2002, p. 111) escreve que *responsabilidade é saber que cada um de meus atos vai me construindo, vai me definindo, vai me inventando. Ao escolher o que eu quero fazer, vou me transformando pouco a pouco. Todas as decisões deixam marca em mim mesmo antes de deixá-las no mundo que me cerca.*

Durante a existência, a pessoa se apega, algumas ou muitas vezes, em vícios, em coisas não significativas, ruins, dolorosas e as carrega por toda a vida. Por que não se apegar a coisas boas que permanentemente fazem o bem e trazem um bem-estar? O modo de viver é uma escolha individual, preferencialmente se for consciente – isto é liberdade –, mas o *como viver* é preciso ser assumido com responsabilidade. A condição humana não é exclusivamente boa, mas não é exclusivamente má. Ser responsável significa assumir em todas as circunstâncias da vida o lado bom da existência. Isso significa viver conscientemente.

Viver conscientemente, na compreensão de May (2004, p. 144), consiste em duas coisas: "a responsabilidade para consigo mesmo assume novo significado" e os atos externos de disciplina "transformam-se em autodisciplina". Primeiro, é complexo assumir viver com responsabilidade a própria vida, mas aceitar vivê-la é libertar-se e vivê-la como um valor. A beleza dessa forma de viver está atrelada a um resultado de decisão pessoal. Enfatiza-se que sempre há interdependência quando se pensa a liberdade e a responsabilidade. Elas andam juntas. May (2004, p. 144) diz que

> *quem não é livre é um autômato e, é evidente, não tem responsabilidade, e se não pode ser responsável por si mesmo, não pode ter liberdade. Mas quando se faz uma opção pessoal, esta união da liberdade e responsabilidade torna-se mais do que uma ideia agradável. A pessoa experimenta em sua própria pulsação. A optar por si mesma torna-se*

cônscia de ter escolhido, conjuntamente, a liberdade pessoal e a responsabilidade.

O segundo aspecto do viver consciente com responsabilidade é relevar a disciplina externa e transformá-la em autodisciplina. Durante o dia, recebem-se muitas ordens, solicitações e outras incursões sobre o que se deve fazer e como fazer as coisas. Outros interferem na vida de forma direta (no trabalho, na família, na escola) ou indireta (rádio, televisão, apelo de amigos). Aprender a autodisciplina significa aprender a dizer "sim" ou dizer "não" no momento oportuno para optar pelo melhor. A pessoa que sabe dizer "sim" ou "não" se educou para a autodisciplina. Houve uma decisão livre, porque esta foi orientada com base em valores. A seguir, veremos algumas considerações sobre o que a liberdade não é e o que ela é realmente.

(5.3)
O que não é liberdade?[a]

No processo de aprendizagem, muitas vezes é mais fácil iniciar por aquilo que não é. Ir pelo caminho da falsificação. Significa eliminar aqueles aspectos errados ou negativo referentes ao fato ou àquilo que se pretende conhecer. O mesmo se pode fazer na busca da compreensão da liberdade. Para compreender o que não é liberdade, pode-se partir dos seguintes pressupostos: a liberdade não é revolta, não é falta de planejamento e não é renúncia espiritual e intelectual.

---

a. As seções 5.3 e 5.4 são baseadas em May (2004).

A liberdade não é "revolta". Todo ser humano passa por fases de revolta. A criança, o adolescente e o adulto têm formas distintas de se revoltar. A revolta, em si, é positiva para a conquista da liberdade. As estruturas externas atuam sobre nós, tais como: receber um "não", a escola, a sociedade na qual somos obrigados a seguir normas e leis que afetam a vida. A revolta advém por imposições externas. Se se pretende ter segurança, é preciso buscar compreender qual o significado e os motivos pelos quais os outros contribuem para a nossa revolta. Adquire-se segurança quando a nossa liberdade se ajusta ou é compreendida em relação aos parâmetros externos. Assim, a revolta é uma etapa inicial para a conquista da liberdade. Nesse processo de conquista, estabelece-se a ordem moral a partir das coisas: saber o que cumprir e o que não cumprir. Implica sempre escolhas.

Sobre a revolta, May (2004, p. 131) faz a seguinte consideração:

> *Uma vez que o rebelde adquire senso de direção e vitalidade ao atacar padrões e costumes em vigor, não precisa criar seus próprios padrões. A revolta age como substituto do processo mais difícil, que é lutar para alcançar a própria autonomia, novas crenças e chegar ao ponto onde é possível estabelecer novas bases para construir. Os aspectos negativos da liberdade confundem-se com a licença e ignoram o fato de que ela jamais é o oposto da responsabilidade.*

A liberdade não é falta de planejamento. Seria um erro planejar todas as ações da vida, como também seria um erro que cada pessoa fizesse o que bem entendesse. Quase todas as ações do dia a dia são planejadas, outras extrapolam o planejamento, sobretudo aquelas que se referem à dinâmica da vida. No passado, as pessoas podiam ganhar a vida de forma individualizada. Não havia tanta necessidade de se pertencer a um grupo. Hoje, vivemos e pertencemos a um grupo, na universidade, na família, no trabalho profissional, num sindicato. Sobrevive-se hoje na pertença de um grupo. O século XXI exige que se conquiste a liberdade no contexto econômico, escolar e trabalhista. A perspectiva social sempre está presente. O planejamento das atividades básicas é necessário para que o indivíduo se desenvolva pessoal e socialmente. Mas não podemos ser escravos do planejamento. Exemplo: planejar como amar, como ser feliz, como viver os valores, como orientar uma criança, um adolescente ou um adulto revoltado. Nesse caso, utilizaríamos apenas a racionalidade como suporte para resolver essas situações. Quando nos referimos à liberdade e à responsabilidade, consideramos elementos de emoção, sentimento, espiritualidade e intelectualidade.

A liberdade não é renúncia espiritual e intelectual. Será que a pessoa, na modernidade, não renunciou à sua espiritualidade e intelectualidade em detrimento do econômico? As relações entre as pessoas no mundo atual se dão pela competição. Esta, muitas vezes sem limites, inibe o que há de mais profundo no ser humano: sua espiritualidade, que se refere ao transcendente, ao sentido e ao significado das coisas e da vida. No que se refere à intelectualidade, deixa-se de pensar e de se adquirir novas aprendizagens. Renunciamos ao nosso modo de pensar, na submissão ao conhecimento existente.

Que a ousadia em revoltar-se, planejar a vida, a espiritualidade e a intelectualidade seja como um ideal que a sociedade dê a cada um o máximo de oportunidades para realizar-se, desenvolver o uso de suas potencialidades e trabalhar como um ser humano digno, em intercâmbio com seus semelhantes. Uma boa sociedade é, portanto, aquela que concede mais liberdade aos seus componentes – liberdade definida não negativa e defensivamente, e sim de maneira positiva, como a oportunidade para realizar valores humanos cada vez mais amplos.

A construção de uma sociedade está intimamente ligada à percepção que se tem de pessoa e de mundo. O entendimento do que seja liberdade permite que a pessoa realize neste mundo os seus valores.

(5.4) O que é liberdade?

As considerações em torno da pessoa como ser livre, responsável, e o entendimento do que não seja liberdade complementam-se com algumas ideias para compreender o que possa ser liberdade. O tema *liberdade* sempre suscita uma nova abordagem. Crianças, jovens e adultos acaloram o seu discurso quando o tema é liberdade. Eles colocam em movimento a vontade pessoal e o desejo. Sabe-se que a vontade nem sempre pode ser realizada, pois nem sempre depende de nós. Independentemente de situação, se depende de nós ou de outrem, implica sempre um impulso, uma força, uma decisão e um desejo para agir. Como, então, pode ser compreendida a liberdade? Há algumas ideias, com base em May (2004), que podem trazer esse entendimento, como:

- A liberdade é "algo vivo", tem vida. Esta advém da própria pessoa, de como ela se relaciona consigo mesma, com os outros e com a comunidade. Ser livre significa pautar um relacionamento com a existência de outros, carregado de sentido, perpetuando a crença no viver.

- A liberdade é "abertura", que significa a disposição do indivíduo para evoluir, progredir e ser flexível na vida. Aberto para novos horizontes, novas possibilidades de aprendizagem, insaciável na busca de conhecimentos para a realização pessoal no social.
- A liberdade é "optar por agir". É possível pensar um fazer ou não fazer, dependendo das circunstâncias. O agir implica responsabilidade no dizer e no fazer. Optar por agir é conquista e aproveitamento das oportunidades.
- A liberdade é aceitar a "responsabilidade da existência". Com a liberdade, a pessoa opta pelo que fazer durante a sua existência, no sentido de ser o agente do próprio destino. Destino planejado e fundamentado em valores para realizar as próprias opções neste espaço e tempo.
- A liberdade é a "capacidade de contribuir para a própria evolução". O desenvolvimento pessoal depende exclusivamente de nós. Os agentes ou fatores externos podem servir de motivação, que necessariamente precisam ser assimilados.
- A liberdade é "autoconsciência". A consciência é desenvolvida durante a evolução da vida, fundamental para o ser da pessoa. A pessoa torna-se o ser dos próprios atos, e caso esta não adquira a autoconsciência, fica moldada pelos outros. Nesse caso, perde a sua liberdade.
- A liberdade é "acumulativa". Cada ação desempenhada, com êxito ou não, constitui um exercício de liberdade que interfere na próxima opção de liberdade, melhorando-a. As opções positivas dão a base para as posteriores e as opções negativas servem de ensaio para uma evolução posterior. As conquistas são mais de cunho qualitativo do que quantitativo.

Acumular experiências significa uma maior liberdade posterior.
- A liberdade revela-se no "ajuste da vida na realidade". Cada pessoa tem uma existência própria, com suas realizações e fracassos ou problemas. A liberdade nos ensina que os problemas precisam ser resolvidos. Durante a evolução da vida, doenças podem surgir, bem como lesões e cansaço no trabalho, mudanças profissionais, rompimento de laços afetivos em busca de um novo estilo de vida, que requerem um novo ajuste na realidade. A liberdade consiste em aprender a se ajustar em face dos novos desafios que a vida apresenta.

Com base no que vimos, podemos afirmar que a liberdade não se define, mas se vive. O modo de viver expressa a liberdade. Viver moralmente é aceitar comportamentos e normas tidas como válidas para nós e para os outros. Viver eticamente é refletir com base nos comportamentos e escolher os que são aceitáveis para nós e para os outros. A reflexão ética envolve as reais dimensões da essência humana, muitas vezes difícil de ser detectada. Mas o que é essência humana?

A essência dos objetos é definida facilmente. O trem serve para carregar pessoas ou objetos; o computador para armazenar e produzir novos dados; o rádio para escutarmos música e notícias; o professor para ensinar (mas o que é ensinar?). Quando se analisa a essência humana, entra-se na complexidade do discernimento – o que é bom, o que é mau, o que é certo, o que é verdade, o que é belo, o que é o amor, o que é ético – questões a serem desvendadas. Na verdade, devemos responder a nós mesmos: O que fazer? Somos nós quem oferecemos uma vida boa para nós mesmos.

A pessoa, em sua essência, é bondade, humanidade, amor, ódio, paixão, rancor e todas as características que se queira citar. As coisas são, assim, fáceis de serem conhecidas. Com as pessoas não ocorre dessa forma, pois possuem algo que as coisas não possuem: essência humana. O viver ético consiste em captar o que transcorre entre os humanos. É uma busca permanente do bom, do belo e do verdadeiro. Em síntese, Thum (2003, p. 347) diz:

> *É preciso desenvolver o gosto pela vida, pelo viver a vida, pelo desejo de ser melhor, pela busca incessante e constante da alegria e do prazer, submetendo tudo à temperança, ou, de outra forma, ser capaz de viver no tempo médio (nem tanto o céu, nem tanto o mar, mas sempre com um pouco de céu e um pouco de mar). Essa é a sabedoria do bem-viver; esse é caminho do comportamento ético.*

A liberdade e a responsabilidade são adquiridas durante a vida. São conceitos, num sentido ideal e utópico. Não existem em estado puro. São conceitos elaborados durante toda a existência, portanto, aprendidos e conquistados. Uma vez elevados ao âmbito da consciência, qualificam a vida do ser humano. Poder-se-ia afirmar, utilizando uma linguagem matemática, que cada conceito ocupa 50% do que poderíamos considerar a consciência total. Significa que a liberdade e a responsabilidade são complementares, constituem o ponto de partida na escolha dos valores e, assim, manifestam a crença total na vida.

Para concluir este capítulo, utilizamos as palavras de Octavio Paz, citado por Savater (2002, p. 32):

> *A liberdade não é uma filosofia e nem sequer uma ideia: é um movimento da consciência que nos leva, em certos momentos, a pronunciar dois monossílabos: Sim ou Não. Em sua brevidade instantânea, como à luz do relâmpago, desenha-se o signo contraditório da natureza humana.*

Indicações culturais

MAY, R. *O homem à procura de si mesmo.* 30. ed. Petrópolis: Vozes, 2004.

Recomendamos mais especificamente o Capítulo 5, que aborda os temas relacionados à liberdade e à força interior. Liberdade e responsabilidade são conceitos utópicos, compreendidos somente quando vividos. Eles são conquistados durante a nossa existência. Como objetos de conquista, orientam e dão sentido a nossa vida.

SUNG, J. M.; SILVA, J. C. da. Por uma ética de responsabilidade solidária. In: _____. *Conversando sobre ética e sociedade.* 14. ed. Petrópolis: Vozes, 2007.

A leitura desse capítulo da obra de Sung e Silva nos faz pensar na necessidade de convivermos em sociedade de forma livre e responsável. A solidariedade é uma conquista da pessoa dentro do contexto das vivências sociais. Isso permite uma vida mais livre e responsável.

Atividades

1. Qual é sua percepção do que seja liberdade e responsabilidade?
2. Com base no texto deste capítulo, quais são as ideias importantes sobre liberdade e responsabilidade a serem consideradas na educação infantil?
3. Que atitudes das crianças manifestam revolta e busca de autonomia para a conquista da liberdade?
4. Relacione a vida na escola com a liberdade e a responsabilidade de diretores, professores e alunos como caminho de autonomia da comunidade escolar.

(**6**)

O certo e o errado, o bem
e o mal, a verdade e a mentira

As pessoas, ao testemunharem o nascimento de uma criança, costumam se expressar: "Está tudo bem, tudo certo, nada deu errado", "Que bom que tudo deu certo!". O oposto também pode acontecer: quando complicações na hora do parto ocorrem, muda-se a linguagem: "Passou mal, deu errado, será que é verdade?" (não se acredita, é mentira). São palavras de uso corriqueiro, de uso comum nas circunstâncias da vida. A educação utiliza muito a dicotomia entre o bem e o mal, entre o certo e o errado, entre a verdade e a mentira, pode e não pode, sim e não. Se o educador se restringir ao uso dessas expressões, ensina-se uma visão maniqueísta de ver o mundo e a vida. O objetivo deste capítulo é refletir sobre o certo, o bem e a verdade, pois a compreensão desses conceitos é fundamental no fazer pedagógico e no preparar das crianças para a vida. A distinção e o significado dos termos permite viver a vida de forma flexível e dinâmica.

(6.1)

O certo e o errado

A vida impõe desafios. Constantemente precisa-se optar e escolher o melhor. Tarefa árdua! É trabalho da razão ou da mente, que julga o que convém ou não convém, o certo e o errado: alguém espirra, *atchim!*, vem imediatamente a resposta, "saúde!". A pessoa que espirrou pode pensar: "Fez certo, gostei de sua atitude!", ou então, "Fez errado, crie vergonha na cara!". Assim, poder-se-ia apresentar variadas manifestações das pessoas sobre o que seria o certo e o errado. Ilustra-se, com base na figura a seguir, uma discussão sobre o certo e o errado.

A figura apresenta uma questão de matemática aplicada em uma prova. A pergunta é: "Encontre o X".

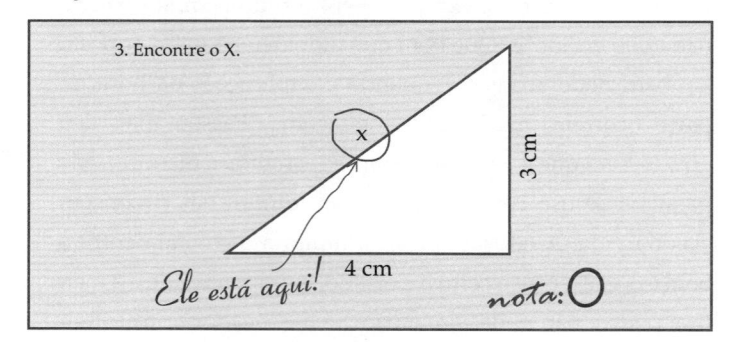

Figura 6.1 – Discussão de certo ou errado

O aluno responde: "Ele está aqui", coloca uma seta para indicar onde está o X. O professou corrige, assinalando a nota zero. Pergunta-se: Quem está certo e quem está errado? O aluno ou o professor? Foi uma resposta literal da pergunta ou o professor quis que o aluno interpretasse a pergunta? Na lógica de entendimento da questão, ambos estão certos ou errados? Quem foi ético em relação à questão? O aluno ao responder "Ele está aqui" ou o professor que deu nota zero? Quem está com a verdade? Assim se abre uma discussão para se chegar a um acordo e, se possível, a um entendimento.

As perguntas realizadas já dão um indício de que existem várias maneiras de interpretar a questão. As pessoas entendem e olham de forma diferente para as coisas. Um mesmo olhar lançado sobre um mesmo objeto, o que se diz dele, pode ter interpretações distintas para duas ou mais pessoas. Nesse caso, existe o certo ou o errado? Poderíamos dizer que não. O que existe, então? Existem variadas maneiras de interpretar o mesmo fato ou objeto. A pessoa possui cinco sentidos sensoriais para acessar o fato ou o objeto. Os sentidos enviam para o cérebro a mensagem percebida. Esta varia de pessoa para pessoa, segundo o seu nível de entendimento, sua lógica de ver as coisas e conforme os seus conhecimentos já sedimentados.

Há momentos na vida em que se critica as atitudes, crenças e conhecimentos de outros. Diz-se a uma pessoa que ela está errada, no entanto, faz-se a mesma coisa. Nesse terreno existem variações de atitudes, percepções e gostos diferentes. Buscar o certo e deixar o errado é uma busca. É uma realidade que precisa ser construída. É o início da educação moral e ética. A escola possui um papel preponderante na preparação das crianças e dos jovens no desenvolvimento dessa capacidade, necessária para a convivência social e para a autorealização. A compreensão do certo e do errado, sob olhares diversos, evita o automartírio. Isso se aprende.

A consciência do certo e do errado: um caminho para a ética

A consciência é o instrumento que auxilia a dizer se algo está certo ou errado. Ela não dita as normas, mas se posiciona e alerta sobre possíveis equívocos éticos, bem como recebe influências externas para poder decidir, determinar o melhor a se fazer. Parâmetros, leis, códigos, regulamentos e acordos contêm uma moral e uma ética ideais.

O direito positivo (as leis) estabelece o que se deve cumprir. Na prática, as leis são muitas vezes desrespeitadas, quebra-se o contrato, porque a ideia do certo e do errado não corresponde ao entendimento individual. Cumpre lembrar que o indivíduo tem uma forma de fazer justiça, enquanto o sistema jurídico aplica as leis. O que dizer? A honestidade e a reciprocidade são os fundamentos não apenas da boa prática, mas da existência social de modo geral.

A visão diferenciada do certo e do errado pode gerar conflitos entre o senso de justiça de um indivíduo, de um grupo social e do direito positivo. Os conflitos, a desobediência, o modo de fazer justiça dos indivíduos ou dos grupos pode infringir o direito positivo de forma intencional. O que impulsiona tudo isso é a consciência que as pessoas têm, colocando-se acima da lei para que haja mudanças. A respeito do que é percebido como errado, com base crítica, as pessoas tomam certas atitudes, porque estas não querem ser "prisioneiras de sua consciência". Há pessoas que não cumprem a lei por consciência. Por exemplo: em alguns países, é permitido fazer o aborto legalmente. Nesse caso, funcionários e médicos dos serviços de saúde negam fazer o aborto porque a consciência não permite tomar tal atitude. Fazer o aborto vai contra o senso de justiça pessoal. Em face do que é certo e do que é errado, propõem-se algumas regras para o comportamento ético.

As regras do comportamento ético

As ações desenvolvidas vêm acompanhadas pela consciência da liberdade e da responsabilidade na escolha dos valores. Significa escolher o melhor, o que é certo. Evita-se o que é errado, o que é falso. O comportamento ético não se fundamenta naquilo que custa caro ou que somente é agradável. Deve-se perguntar o que é bom e para quem é bom. Onde se deve buscar regras para o certo ou para o errado? Na história do conhecimento bíblico e filosófico, encontram-se algumas referências que podem servir para todos.

Com base em Heller, Notaker e Gaarner (2000), existem na Bíblia, especificamente no Novo Testamento, duas regras sobre o comportamento correto: "Ama a teu próximo como a ti mesmo" e "Trata os outros como gostarias de ser tratado". São de origem divina, elas são gerais, universais, independente de etnia, crença e posicionamento político, independentemente da crença ou não em Deus.

Amar o próximo como a si mesmo refere-se ao outro, é a regra da caridade ou do amor. Na prática, talvez não haja um acordo total, mas admite-se que, sem esta, torna-se impossível a convivência humana. Admite-se, portanto, que se deveria aplicá-la.

"Trata os outros como gostarias de ser tratado", frase conhecida como *Regra de Ouro*, refere-se ao princípio da reciprocidade. Reciprocidade é inerente no relacionamento entre pessoas. Só assim é possível formar comunidades, grupos e colocar em ação o processo de ensino e aprendizagem.

Alguns filósofos tentaram formular orientações morais para um comportamento ético adequado, como na seguinte afirmação: "Age de maneira a trazer o maior contentamento para o maior número possível de pessoas". A corrente utilitarista defende essa concepção. Inerente a esta está o conhecimento, a amizade e o autodesenvolvimento e não simplesmente a satisfação e o desfrutar da vida. Assim, o maior contentamento é descobrir, com o auxílio da razão, a maneira como um maior número de pessoas possa atingir o contentamento. Este é o trabalho da ética: questionar o que é bom ou útil e o que é mau ou ruim (Heller; Notaker; Gaarner, 2000).

Questionar o que é certo e o que é errado é uma atribuição que pertence à ética do dever. Esta tem como base uma autoridade ou normas, leis estabelecidas que dizem o que é certo ou o que é errado. Deus é a autoridade (para quem acredita). Um representante social (juiz, líder, comandante, um pai, uma mãe, um professor) pode indicar e fazer respeitar o dever e, ainda, pode ser a própria pessoa que segue a sua consciência.

Kant (1724-1804), citado por Heller, Notaker e Gaarner (2000), expressa a ética do dever com o ditado "Age apenas segundo aquela máxima que possas querer que se torne uma lei universal". Dessa forma, Kant admite que existe um código moral interno em cada pessoa que a possibilita agir de forma correta, certa. Agir faz parte da natureza humana, portanto, antes de desempenhar qualquer ação, é preciso se certificar do que a ação deseja, e que, em circunstâncias semelhantes, possa ser repetida por todas as pessoas.

Em face do "utilitarismo" e das demais ações da vida, Kant, citado pelos autores indicados no parágrafo anterior, afirma que "O ser humano sempre deve ser tratado como dotado de um valor intrínseco, e não deve ser usado meramente como um meio para se conseguir uma outra coisa". Categórico, por ser absoluto, aplicado em qualquer circunstância por qualquer pessoa. Nesse caso, não se admite nenhuma mentira, por mais simples ou pequena que seja. A lei natural diz: não matar, não roubar, respeitar o próximo, amar o próximo, ou seja, o que desvirtua qualquer comportamento ou atitude vai contra as regras apresentadas anteriormente.

A criança em desenvolvimento, nos primeiros anos de vida, é incapaz, em sua lógica, de mentir de forma racional. Ela aprende as coisas de forma errada, induzida por um adulto. Como se ilustra isso? Vamos assistir a um espetáculo (jogo, teatro, cinema, exposição). Normalmente, existe a seguinte regra: crianças de até 7 anos não pagam. Os pais ou responsáveis ensinam a criança a mentir: se tem 8 ou 9 anos, esta responde que tem 6 ou 7 anos, caso tenha a sua idade questionada. A criança pergunta: "Como vou dizer que tenho 7 anos se tenho, na realidade, 9 anos?". Em educação nas séries iniciais, é fundamental formar a criança com base na verdade. A formação moral e ética se dá nos primeiros anos de escolarização, claro, juntamente com o meio em que o menor vive. É preciso ser responsável com as ações desenvolvidas na escola. Na prática pedagógica, nem sempre é possível decidir pelo que é certo, mas deve-se tentar sempre fazer o certo.

Decidir pelo que é certo é tarefa fundamental no processo educativo. Conforme abordado no Capítulo 1, apresentam-se elementos que podem auxiliar na decisão do que é certo, como: a concepção de ser humano, filosofia (valores), concepção de sociedade e comportamento de relações. Cada ideia mencionada implica uma ação, um motivo por trás e um resultado ou consequência. Um motivo, um desejo ou intenção permite dizer ou oferece elementos para dizer que é certo. Para dizer que uma ação é certa, às vezes, é preciso até mentir para obter um resultado final bom. Exemplo: num assalto, não podemos dizer a verdade para o assaltante, para preservarmos a nossa própria vida. A vida está acima do assaltante. Até podemos matá-lo em legítima defesa. Essas ações aparentemente são más, porém necessárias para se viver.

> Com mais frequência o motivo por trás de uma ação, a ação em si e o resultado ou consequência da ação são avaliados em conjunto. Mas às vezes parece que o objetivo é o aspecto mais decisivo. Há certas ações que nós jamais poderíamos considerar, a despeito de quaisquer consequências positivas. E há ocasiões em que as consequências da ação é que determinam se podemos ou não dizer que agimos bem. (Heller; Notaker; Gaarner, 2000, p. 303)

As regras do comportamento ético são referenciais, quase que como absolutas, para o agir humano. Há momentos em que a regra pode ser violada em defesa da vida. O critério máximo do bem sempre é a vida.

(6.2)
O bem e o mal

O ser humano é bom ou mau por natureza? Por que há pessoas que só estão preocupadas em fazer o bem? Por outro lado, por que há pessoas apenas interessadas em difundir o mal? As pessoas diariamente se perguntam: Como alguém pode ser tão mau a ponto de matar o outro? Como se manifestam o bem e o mal? É possível pensar o bem e o mal de forma separada? Às vezes, os educadores perguntam-se:

"Por que essa criança é tão má?", "Como aquela criança é boa?" ou "O bem e o mal são apenas ilusões de expressão?". Muitas outras perguntas que ajudariam a pensar a moral, a ética, a educação e o trabalho poderiam ser feitas.

Essas perguntas já indicam um caminho. O bem e o mal não podem ser pensados de forma separada. Se estivermos falando do bem, consequentemente nos referimos também ao mal. O inverso também é verdadeiro. É uma questão de lógica. A mesma coisa seria afirmar que não acreditamos em Deus. Para que tal afirmação seja feita, existe o pressuposto de que Deus existe. O bem e o mal estão mesclados, misturados neste mundo. As manifestações destes surgem quando se faz referência à vitória e ao fracasso, a forças de paz na guerra, na alegria e na tristeza, entre tantos outros elementos nos quais o bem e o mal estão presentes. Conclui-se, dessa forma, que o bem e o mal, embora sejam opostos, não são separados entre si. O bem e o mal se manifestam por meio de canais diferentes.

Tanto o bem como o mal surgem dentro de um contexto. A felicidade de uma criança no primeiro dia de aula pode ser um estímulo para toda a vida. O contrário também é possível. A aprovação num concurso, o primeiro emprego, a formatura, o casamento, a vitória num jogo são momentos em que o bem se manifesta. O mal se manifesta em um contexto de violência, de tristeza, de derrota, de reprovação. Os momentos citados são ocasiões para a manifestação do bem e do mal. Será que há no cotidiano momentos de expressão para o bem e para o mal? Por que a criança chora, grita ou brinca? E o adulto? Quantas manifestações diárias são boas ou más? Por que alguém fala mal do outro? Por que se grita e em outros momentos se dialoga? O que está reprimido em nós, num dado momento, precisa ser exteriorizado em ação. Essa exteriorização pode ser boa ou má. Seja qual for o ambiente no contexto social em que se vive, é preciso criar oportunidades para a manifestação do interior do indivíduo. O bem e o mal necessitam de um espaço. Isso não se pode ignorar.

Quando não há espaço sadio para se expressar o bem, indubitavelmente o mal toma conta. Por que a droga devasta? Por que tantos a consomem? Por que não existem canais positivos para que todos possam expressar o bem? Qual o espaço que as crianças e jovens possuem hoje na nossa cidade para praticarem um esporte ou andar na rua com segurança? Por que não há apelos positivos da mídia para a escolha de valores? À medida que não encontram o lugar e um espaço propício para se manifestarem, os indivíduos perdem o sentido da vida, do trabalho (porque não o tem) e se refugiam no mal. O mundo criou um ambiente virtual e vazio de sentido. Os bens são todos produzidos para um consumo imediato. Criar ambientes para a expressão da vida favorece o bem e diminui o espaço para o mal. Isso significa que o bem e o mal constituem o todo do ser humano.

Cada ser humano se move entre a lógica do inconsciente e do consciente. A consciência foi elaborada durante o processo de hominização, o que significa que ela faz parte da cultura abstrata (imaginação, fantasia, histórias) que vai se concretizando no passar dos tempos. Por meio da convivência entre as pessoas e os povos, culturas religiosas e linguagens produzidas, tem-se um processo consciente ou inconsciente na manifestação do bem ou do mal, no qual a cultura desempenha o papel de moldar a percepção desses valores.

Apenas para dar um exemplo, a entidade chamada de *daimon* (demônio) significava, para os gregos, um "pequeno deus" ou, para Sócrates, "aquele que guia os homens para o bem e evita que suas ideias sejam mal pensadas". Mais tarde, por interesses políticos e religiosos de certos grupos, o termo foi fundido (e confundido) com a ideia de satã ou diabo. Na origem, representava o bem, e hoje, representa o mal. Na lógica da inconsciência e consciência, as pessoas dizem quem é bom e quem é mau (Costa, 2001). Cremos ser muito complexo dizer quem é a pessoa boa ou má.

Parte-se do princípio que todo ser humano deseja ser bom ao invés de mau. Ninguém gosta de ser apelidado como "homem mau". As pessoas acreditam que o bem se sobrepõe ao mal porque deste não pode vir responsabilidade, autonomia, alegria, felicidade ou amor. As coisas boas só podem vir do bem. No dia a dia, têm-se inúmeras manifestações do bem: o sorriso de uma criança, dos pais, dos professores; um animal saltitando, a chuva e o vento; o céu e o mar; os espetáculos humanos de representação ou de criação são eventos que indicam a presença do bem. Basta apreendê-los e vivê-los. A pessoa boa deixa se envolver por esse ambiente, ela acredita que possa direcionar o seu pensamento para a prática do bem na comunidade, na escola, para as pessoas e para as instituições. Está imbuída para a prática do bem de modo consciente. Assim também ela está redimensionando o seu inconsciente para o bem. E o homem mau, como pensa ou age?

O homem mau se manifesta às escondidas. Pensa em praticar seus atos maldosos imaginando que os outros não o percebam. Na realidade, essa forma de pensar não o exime de deixar uma pista. Parece que quem pratica o mal sempre deixa uma pista de denúncia para dizer, do fundo do seu inconsciente, que talvez não quisesse fazer isso, não quisesse fazer esse mal. Como entender alguém que planeja um assassinato, a promoção de uma guerra ou a destruição de uma comunidade? Nos dias atuais, como alguém pode destruir ou poluir a natureza? Por que é tão difícil incutir a consciência ecológica nos indivíduos?

A história da humanidade atesta que aqueles que promoveram o mal tiveram um fim sempre trágico (os promotores e os assassinos de guerra, entre outros). Sucumbiram em um tempo e espaço históricos, foram esquecidos. Temos exemplos fantásticos na história de pessoas que promoveram unicamente o bem (Jesus Cristo, Ghandi) e foram dizimados por pessoas más, porque pensaram exclusivamente em fazer o bem. O reinado ou o tempo de vida de um homem mau é limitado, seu trabalho morre e é destruído, fica no esquecimento. O bem passa para todos os tempos e gerações. Ele triunfa.

O bem e o mal precisam ser pensados e analisados, pois fazem parte da vida. Na educação, é importante que os professores tenham um entendimento do bem e do mal, não como algo negativo, mas como uma potencialidade de aprendizagem. A educação é um momento moral e ético para desenvolver a potencialidade do bem, do certo e da verdade. É necessário se elaborar um agir com sabedoria. O bem se expressa na verdade.

(6.3)
A verdade e a mentira

O sentido da busca do conhecimento, em última instância, é nos tornar melhores. A consciência está nessa tarefa de nos auxiliar na busca da verdade. Há a possibilidade de nos apoderarmos dela. Sabe-se que esse objetivo, no entanto, nunca é atingido em sua totalidade. Na impossibilidade de uma apropriação total, por ela ser contingente, abre-se um horizonte de busca permanente para ser conquistada. Quando não conseguimos apreender a verdade, isso pode significar a ausência de conhecimento ou, ainda, ao dizermos algo de que não possuímos conhecimento, podemos estar insinuando uma mentira.

Padre Antônio Vieira, no *Sermão da Quinta Dominga de Quaresma*, pregado na igreja maior da cidade de São Luís, no Maranhão, no ano de 1654, afirma que a "verdade é filha legítima da justiça, porque a justiça dá a cada um o que é seu. E isto é o que faz e o que diz a verdade, ao contrário da mentira. A mentira, ou vos tira o que tendes, ou vos dá o que não tendes; ou vos rouba, ou vos condena" (Vieira, 1965, p. 6).

O objetivo ao escrever sobre a verdade e a mentira é apresentar ideias para uma compreensão preliminar desses dois conceitos. Evita-se, portanto, uma busca mais detalhada na história do conhecimento. A seguir, apresentamos, resumidamente, quatro concepções diferentes do que seja verdade.

Conforme Cabral (2006), o primeiro conceito da palavra *verdade* tem origem na palavra grega *aletheia*, que remete à compreensão da verdade relacionada às coisas e à realidade. Há uma concordância entre a razão e o objeto externo pensado. A verdade existe em si, está na evidência do objeto pensado.

A segunda, de origem latina, *veritas*, implica uma coerência lógica, num conjunto de ideias que constituem um raciocínio. Segue regras, leis e uma argumentação lógica, um raciocínio bem construído. A verdade não é a coisa em si, externa, mas os enunciados sobre as coisas e os fatos. Somente os enunciados – o que se diz – são verdadeiros ou falsos.

De acordo com a terceira, de origem hebraica, *emunah*, a verdade fundamenta-se na esperança e na confiança, há um pacto e uma convenção universal. A verdade aceita é aquela em que há uma confiança recíproca, um consenso entre as pessoas de um grupo.

Já a quarta tem sua origem na atualidade, o *pragmatismo*. As vivências das pessoas em um grupo específico determinam a realidade por elas consagrada como verdadeira. O critério é a praticidade ou a prática do fazer as coisas pautadas em resultados e experiências. O modo de viver, a linguagem, as ações em face da superação das dificuldades colocam em prática a verdade percebida pelos indivíduos, ou seja, a verdade passa pelo pragmatismo das pessoas.

O que seria a mentira? Já citamos, neste capítulo, o que Padre Antônio Vieira diz sobre a mentira: "ou vos tira o que tendes, ou vos dá o que não tendes; ou vos rouba, ou vos condena". Afirma-se que em quase todos os momentos da vida a mentira não é boa. Por isso, fez-se menção ao certo ou ao errado, ao bem e ao mal, pois tais valores sempre envolvem realidades maiores ou menores para se emitir um juízo moral. Sabe-se das dificuldades de saber o que é correto ou mau. Saber o limite e o alcance de uma mentira, quando necessária, é tarefa de descobrir e de se educar para fazer frente a essa realidade. Para mentir, não se pode olvidar as regras dos princípios éticos.

A verdade e a mentira fazem parte do cotidiano escolar: mentir para o professor, para os pais (não entregar um bilhete ou informação, fazer ou não um trabalho). Nesse contexto, o que deve conduzir todo o processo educacional é a verdade. Devemos estimular, na prática, sempre o certo, o bem e a verdade. Se o discurso do aluno e do professor não conferir com a realidade, diz-se que se está mentindo. O que se diz, como conduta ética, deve conferir com a consciência, isto é, com a verdade.

A verdade é buscada em todas as circunstâncias da vida, e isso significa que é necessário conhecer todas as suas facetas, como uma existência multifacetária. Por meio do livre-arbítrio, cada pessoa é capaz de articular o certo e o errado, o bem e o mal, a verdade e a mentira. É preciso reforçar as coisas boas da vida. A escola é um ambiente específico no qual diretor, pais e professores desenvolvem atividades e aprendizagens significativas para a vida. O resultado final de todas as atividades é a formação moral e ética que se estenderá em todos os afazeres da vida e do trabalho.

Indicações culturais

POPPER, K. R. *Em busca de um mundo melhor*. Lisboa: Fragmentos, 1989.

Recomendamos a retomada dessa obra, dando especial atenção Capítulo 1, agora sob o seguinte aspecto: nesse capítulo, o autor se refere à verdade e à mentira, ao certo e ao errado, promovendo, dessa forma, uma reflexão sobre essas palavras. É tarefa do professor desenvolver conceitos claros e precisos, sobre a verdade e o certo, estudando-os e, posteriormente, ter condições de praticá-los na atividade pedagógica.

SAVATER, F. Faça o que quiser. In: _____. *Ética para meu filho*. São Paulo: M. Fontes, 2002.

O título é sugestivo e instigante, porque incentiva o leitor a assumir com liberdade e responsabilidade do que quiser fazer.

Atividades

1. Desenvolva uma discussão acerca do certo e do errado a com base na Figura 6.1 (*Discussão de certo ou errado*), apresentada na Seção 6.1 deste capítulo.
2. Reflita sobre as seguintes questões: Como me posiciono em face do errado, do mal ou da mentira? Sei lidar com esses conceitos na atividade pedagógica?
3. Localize na convivência escolar fatos, atitudes ou comportamentos que implicam as regras do comportamento ético. Planeje situações em sala de aula nas quais os alunos possam identificar as regras do comportamento ético.
4. Identifique e/ou reflita sobre que espaço existe na escola onde o aluno pode manifestar seu descontentamento, suas reivindicações ou suas conquistas?
5. O que é melhor: o certo, o bem e a verdade, ou o errado, o mal e a mentira? Como articular essas ideias para uma construção ética?

(7)

A escola: ambiente
de educação ética

Otávio José Weber

A escola está inserida no contexto de mundo. A compreensão do ambiente escolar considera, então, o mundo com base nas pessoas que organizam o espaço escolar. Para entender o que é educação ética, passa-se, necessariamente, pela percepção de mundo e de pessoa, de liberdade e responsabilidade, de ética e ciência, do que é certo ou do que é errado na busca da verdade e da ética. São as pessoas que constroem o processo educativo; são elas que pensam, que projetam, que valoram, que determinam ações importantes do ser ético do professor e do aluno, do uso da tecnologia, da formação para a cidadania, da aprendizagem da ética e da educação para a vida. A escola se caracteriza como um ambiente de excelência para a educação ética.

Sabe-se que, na escola, os problemas do cotidiano do mundo social são refletidos e interferem no ambiente, na aprendizagem e nos relacionamento de diretores, professores, funcionários e alunos. O ambiente escolar não é uma ilha dentro da comunidade. Ele faz parte da vida comum. Já foram mencionadas algumas características do mundo atual no Capítulo 1. Há discursos conflitantes, dizem-se muitas mentiras, existe uma insegurança em quase todas as frentes e mostram-se poucos caminhos certos. No que se refere ao comportamento, constata-se muitas dificuldades de relacionamento, desentendimentos clamorosos, falta de clareza de ser e de viver, falta de respeito à pessoa nas suas diferenças. Em síntese, há uma ausência de ética.

O objetivo deste capítulo é possibilitar ao leitor compreender a importância do ambiente escolar, retrato das convivências sociais, sendo o professor o primeiro responsável na organização do espaço escolar. E, ainda mais, o professor e o aluno são os sujeitos da ética: aprendem e ensinam ética para o convívio em sociedade e a escola se caracteriza como um ambiente de excelência para a educação ética.

(7.1)
Aluno e professor: sujeitos da ética

Para os alunos, os professores podem ser inteligentes, sensíveis, emotivos, disciplinadores, arrogantes, enfim, são professores. Os professores acreditam que os alunos são bons e que possuem a capacidade de desenvolver a sua inteligência racional e emocional. Ambos vivem uma relação de diferenças e semelhanças. O aluno acredita que pode aprender, já o professor pensa que pode ensinar. Assemelham-se no mundo em que vivem, como pessoas em processo de formação permanente. Na relação das diferenças e semelhanças, estabelecem-se os sujeitos da ética.

Maturana, citado por Thums (2003, p. 397), diz que, na óptica do professor, a educação "como sistema educacional configura um mundo, e os educadores confirmam em seu viver o mundo que vive em sua educação. Os educadores, por sua vez, confirmam o mundo que viveram ao serem educados no educar". A rigor, o professor é um produto da educação que recebe. A criança e o jovem são produtos das famílias e da sociedade em que vivem. São sujeitos de épocas diferentes, que convivem em um ambiente escolar onde as tradições antigas, ainda presentes, e as formas de enxergar o mundo das crianças e jovens podem entrar em conflito.

Constata-se, na prática, que alunos e professores convivem no espaço da escola, às vezes, por vários anos. Há a presença corporal, os colegas se enxergam constantemente, mas, por incrível que pareça, continuam estranhos uns para os outros. Houve um crescimento intelectual que é atestado pelas notas obtidas pelos alunos. Os professores, racionalmente, são brilhantes, formando os alunos para administrarem máquinas. Talvez estivessem escondidos atrás das matérias, do pincel, do computador! Tudo isso é importante.

| *Como se trabalham os sujeitos da ética?*

O professor cumpre a sua tarefa profissional. E a tarefa educacional? Inicialmente, o professor precisa se humanizar. O educador tem no seu passado o suporte racional e emocional. O primeiro sujeito da ética é o professor, que pode, com base em suas experiências de vida, estimular vivências éticas. Mas como? Contando a sua história de vida; transformando o ambiente escolar para um espaço de vivências sensíveis e emocionais; auxiliando os alunos a lidar com as frustrações pessoais e sociais; humanizando o racional; proporcionando discussões críticas sobre problemas atuais (drogas, álcool, trânsito, namoro, ecologia, violência, internet, jogos eletrônicos, direitos e deveres como cidadãos); analisando situações que implicam liberdade e responsabilidade, saúde corporal e espiritual, enfim, buscando o que é bom e certo para viver bem.

Na atualidade, o professor e o aluno são os sujeitos da ética. Nas diferenças e semelhanças, professores e alunos são pessoas, agentes éticos que se completam. Racionalidade significa saber, conhecimento, mas não é ainda necessariamente ética. A ética transcende a racionalidade: implica emoção, sentimento de liberdade, compromisso com a vida. Professores e alunos constroem essa realidade. E a tecnologia, que relação tem com a ética? É sobre esse tema que trataremos a seguir.

(7.2)
Tecnologia e ética

O estágio atual de mundo é de mudanças. A tecnologia contribui decisivamente na construção de uma nova realidade, presente na vida da família, dos alunos e da escola, propiciando uma vida material melhor. Melhorou-se a vida material, mas por que se fala tanto da ausência de ética? Há mudanças em relação ao tempo e ao espaço, predominando o "agora" e o "aqui"; surgem as contradições, a complexidade e a pluralidade de manifestações, indicando um novo processo civilizatório de inclusão e de bioética. É um tempo em que todos precisam se educar para o uso da tecnologia. Ter domínio tecnológico sobre os recursos materiais e humanos na educação ainda não significa ser ético. É tempo de educação ética em todos os setores da vida. É possível, com base na tecnologia, educar para uma vida melhor. Porém, computadores, máquinas que informam, necessariamente ainda não representam comunicação, relação entre pessoas. Estas, sim, precisam ser aprendidas.

O uso dos computadores auxilia a aprendizagem para a vida. Na relação pedagógica e na elaboração de trabalhos escolares, não se pode simplesmente "selecionar, copiar e colar" as ideias disponíveis na rede mundial de computadores. Isso caracteriza um roubo intelectual e este tem o mesmo significado do roubo de qualquer objeto.

O ser humano precisa ser orientando para o uso da tecnologia no dia a dia. O mundo físico da natureza é transformado pelo homem para o seu bem-estar. O mesmo acontece com a pessoa: ela precisa adquirir conhecimentos, desenvolver o seu ser no mundo como sujeito da ação. Nesse sentido, ela não está pronta: a vida toda se caracteriza como uma aprendizagem em sentido emocional, intelectual e social. Significa que o ser humano precisa aprender a se organizar em face da realidade que o desafia no sentido material e ético. Por meio da tecnologia, pode--se encontrar um sentido de vida na construção do mundo e de si mesmo.

Existe o mito de que, por um lado, a tecnologia resolve os problemas e os questionamentos do ser humano. No passado, as instituições políticas e religiosas legitimavam a relação entre as pessoas. Hoje, tanto as instituições públicas como as privadas e o uso inadequado da tecnologia querem justificar a vida social e pessoal no contexto em que se vive. Basta abrir os olhos e constatar que em nome do progresso tecnológico, juntamente com as instituições, no nosso contexto social, tem-se milhares de pobres, mortes por fome, desequilíbrios ecológicos e riscos de vida iminentes nas nossas cidades.

O que se questiona são as contradições e paradoxos oriundos dessa forma de desenvolvimento da nossa realidade social. A tecnologia trouxe um desenvolvimento material fantástico, no entanto, não houve um acompanhamento do que é essencialmente humano: mais humanidade, paz e tranquilidade de uma vida boa, pautada em liberdade e responsabilidade. Isso indica que é preciso abrir o caminho da ética. Sung e Silva (2007, p. 38) afirmam que houve uma supremacia da técnica sobre a ética no sentido de que

> os defensores da cultura moderna burguesa gostam de separar as ciências da ética. Em nome dessa separação reduzem todas as discussões sobre o sentido das nossas vidas, a solução de conflitos inerentes à condição humana e à convivência social e a tensão entre o ser e o dever-ser a um problema meramente técnico.

Não se quer desmerecer a técnica. A pessoa não pode ser reduzida a uma simples peça de máquina. Se assim fosse, ela seria um objeto qualquer. Quando ela começa a se dar conta de que a qualidade de vida depende de valores e que as respostas fundamentais não provêm da técnica, ela está a caminho de sua autorrealização. Assim como os gregos, que criaram com a filosofia uma nova visão de mundo e de pessoa; assim como na Idade Média, quando a religião foi o referencial de ver o mundo e a pessoa; assim como no positivismo, que instaurou a experiência para dominar o mundo e compreender a pessoa; assim é na atualidade, visto que a tecnologia é parte integrante do mundo e da vida das pessoas. Tem-se, assim, um tempo especial ou tempo novo, no qual existe um sujeito ético. Este vai além da tecnologia, transcendendo-a como um ser livre e responsável em fazer a nova história e um novo mundo humano.

A escola é um espaço onde é preciso aprender a ser ético. Os professores têm a responsabilidade de educar crianças e jovens, não desconsiderando a tecnologia, mas utilizando-a como fonte de aprendizagem: não como valor supremo, mas como um meio de construir uma sociedade justa, livre, responsável e ética.

(7.3)
Ética e sociedade

O ambiente escolar é o espaço onde podemos aprender a conviver com o próximo. A ética visa melhorar a própria vida e a vida em sociedade. Os sujeitos da ética, professores e alunos, preparam-se para viver em sociedade com base na organização de convivências em ambientes de sala de aula ou não, a fim de que cada um possa escolher o que lhe seja melhor. A ética tem a preocupação em saber o que, cada um faz com a sua liberdade, seja no ambiente escolar, seja fora, enquanto a convivência social implica conhecer a liberdade do outro. Conhecer a liberdade dos outros permite que ações conjuntas de respeito sejam criadas nas relações entre os sujeitos da ética. Esta diz que, para viver bem em sociedade, é preciso colaborar, participar, respeitar, para se tornar capaz de desenvolver atividades integradoras para a vida pacífica em sociedade.

Pensar em ética e sociedade no meio escolar significa considerar a liberdade, as pessoas e os sofrimentos para que uma pedagogia ética seja possível. Como a escola pode atender às diversas facetas da liberdade humana? O aluno tem o direito de ir e vir, de se reunir, de possibilitar intervenções, de apresentar suas ideias, de ser crítico, de expressar o seu entendimento de mundo e de pessoa, de manifestar emoções e sentimentos, sejam eles positivos, sejam negativos, os prazeres que tem na vida, os gostos pela criatividade, do *fazer ciência* e arte. Assim, o aluno pode conquistar o seu maior bem particular e comum.

A pessoa precisa sentir que, no ambiente escolar, é tratada de forma justa e digna. Na realização de tarefas escolares, a criança ou o jovem deve perceber que o seu trabalho está sendo valorizado e, assim, harmonizar os interesses pessoais, do grupo e da escola. Com base em exigências da escola como disciplina, participação, realização dos deveres escolares e atividades afins, como esporte, teatro, quermesses, reuniões, todos devem ser tratados com dignidade e com justiça.

Viver em sociedade requer compreensão do sofrimento dos outros. Sabe-se que todos sofrem de uma ou de outra forma. Talvez o próprio ato de estudar seja um sofrimento! É impossível conviver com ausência de conflitos e dores. Educar para vida utilizando-se de tristezas, infelicidade, lesões corporais, erros por acidente ou não é colocar-se ao lado do outro. Esses aspectos não são totalmente negativos. Constituem ocasiões de aprendizagem nos quais o outro aprende a compartilhar, também, nas dificuldades.

Já que o mundo da técnica esvaziou a convivência em sociedade, fragmentado-a pela racionalidade fria e impessoal, ele desumanizou o humano. Daí a carência ética. Isso significa dizer que é necessário fazer novas escolhas, novas opções que permitam sempre escolhas melhores. Isso é possível de ser desenvolvido na escola como um ambiente ético. Ética e sociedade abrem possibilidades ou oportunidades de novas experiências e conquistas. A ética é aprendida.

(7.4)
Aprendizagem da ética

Acreditamos não ser necessário demonstrar qual é a realidade na qual a escola se encontra hoje. Parte-se da compreensão construída a seu respeito no decorrer da história. Independentemente de suas dificuldades, ela continua sendo responsável pela aprendizagem e formação da pessoa cidadã. Os fundamentos para a vida emocional, para o bem, para a paz, para o conhecimento e para uma convivência harmoniosa é função da família, ampliada e continuada pela escola.

Por natureza, o ser humano busca fazer o bem e o certo. Já mencionamos as regras do comportamento ético: amar o outro e a si mesmo. A expressão popular "faça o bem sem olhar a quem" remete à necessidade de se assumir a vida com significado. Sabe-se que a modernidade instiga padrões de comportamento anormais e pouca sustentabilidade do convívio. Os modelos propostos pelos pais, pelas instituições e autoridades dificultam a aprendizagem da ética.

O ex-presidente Luiz Inácio Lula da Silva, referindo-se ao projeto de lei que hoje proíbe o fumo em locais fechados, disse para a imprensa: "Eu defendo, na verdade, o uso do fumo em qualquer lugar. Só fuma quem é viciado" (Leite, 2008). Quando uma autoridade afirma isso, está se instaurando na mente das crianças e jovens um padrão de comportamento que vai contra o bom senso e, sobretudo, contra o que a ciência diz a respeito do fumo. Há pais ou responsáveis que não ensinam às crianças valores importantes como o repeito; em outras ocasiões, instigam a violência de diversas formas. Exemplos: "Jamais leve um desaforo para casa, sempre se defenda", "Retruque, diga para o professor que não fez o trabalho porque estava doente", "Aprove meu filho porque estou pagando", "Seja homem", entre outros. Existe uma permissividade, uma tolerância com aquilo que não é certo. Pensando nas atitudes mencionadas, a partir destas, como fica o ensino da ética? É possível formar para a ética?

Ensinar ética é contribuir para uma formação ética. Os adultos são referenciais de aprendizagem. O adulto ético não precisa falar. O seu olhar, o seu modo de ser, as suas atitudes e o seu fazer induzem à aprendizagem da ética. No ensino da história, da geografia, do português, da biologia, entre outras ciências, além dos conteúdos relacionados ao conhecimento, é possível provocar e criar situações de aprendizagem ética. É necessário desenvolver noções de compromisso na entrega dos trabalhos ou outras atividades; estimular o uso do uniforme (se a escola possui); informar os pais sobre a própria aprendizagem; incentivar os pais a estarem presentes em reuniões ou apresentações da escola; desenvolver noções de respeito pelo colega que é diferente, pelo professor e pelas outras pessoas que trabalham na escola; apresentar situações de mundo que envolvem questões negativas com as quais se pode aprender. Constata-se, assim, que existem comportamentos que precisam ser reprovados e modificados pela escola e pelos pais, conforme exemplos mencionados anteriormente. Essas situações ajudam a configurar um mundo em que o professor relaciona situações de vida com conhecimento de disciplinas. Ir além dos conteúdos dos livros é humanizar o educando e o processo educativo. Assim se valoriza as dimensões da liberdade e responsabilidade na construção da identidade pessoal. A identidade pessoal é ética – saber fazer o bem, conviver com os outros e em sociedade.

(7.5)
Educar para a vida

A essência da educação é formar a pessoa para a vida. Na escola, hoje mais do que nunca, é necessário se comprometer com o fazer dos alunos e do seu pensar. Educar para a vida representa que a pessoa é o sujeito de sua existência. Para ser o sujeito de sua existência, ela precisa conhecer os caminhos da ética atual. Thums (2003, p. 405) afirma que

> é preciso saber os caminhos da cultura, conhecer as motivações das pessoas nos respectivos grupos sociais e tentar proporcionar formas de vida possíveis em meio à miséria e à intolerância. O elemento do bem comum é um dos mais significativos no momento atual da sociedade brasileira. É preciso valorizar as ações destinadas à coletividade, de forma justa e equitativa, bem como evitar as condições de miserabilidade das pessoas. Esta é uma forma urgente de salvaguardar a cidadania.

O conhecimento de mundo e a compreensão de *pessoa* possibilitam que a criança e o jovem busquem, por conta própria, o sentido da vida, por meio de ensinamentos recebidos. O indivíduo crê e tem esperança, por sua conta e risco; por sua objetividade e subjetividade, como sujeito ético, é capaz de viver bem. Na escola, propicia-se a educação e a autoeducação para a autonomia. Esta representa liberdade, responsabilidade, consciência, distinção entre o certo e o errado, entre o bem e o mal, entre verdade e mentira. A apreensão dessa conduta caracteriza o sujeito ético.

Ser um sujeito ético é ter a capacidade crítica de perceber e realizar questionamentos com base em práticas humanas. Quando alguém aprendeu a ética, adquiriu critérios de avaliar atitudes humanas. Ao mesmo tempo, diante de novas circunstâncias, a pessoa sabe resolver problemas de ordem prática e teórica. Sem medo, ela realiza mudanças pessoais e sociais, sabe viver num mundo globalizado, utiliza as tecnologias para o crescimento pessoal e da sociedade, exige a construção de uma ética pautada em valores, princípios para o bem de todos, sem desmerecer as diferenças.

Nas diferenças, o indivíduo sabe ser ético. Aprendeu que um encéfalo não tem condições de sobreviver sozinho, no entanto, é tolerante perante a sua imperfeição. Não precisa ser abortado. A ética é a aprendizagem de amar as diferenças, a imperfeição, o humano. Nada o diminui. Isso é uma aprendizagem. A natureza, o mundo, as pessoas, as instituições são possibilidades de vivências éticas.

Enfatiza-se, dessa forma, a importância do ambiente escolar na formação ética. Na aprendizagem da ética, alunos e professores são os sujeitos que utilizam os recursos da tecnologia para construir uma sociedade solidária e respeitosa uns com os outros. Se o mundo apresenta como protótipo a perfeição, a ética insinua que a perfeição está na inclusão das diferenças de todas as pessoas para uma vida boa.

Águias

Ouvi na Alemanha, nos meus tempos de estudante, uma pequena história que não é uma fábula, mas um fato verdadeiro. [...] Certa feita, um camponês capturou um filhote de águia. Criou-o em casa com as galinhas. A águia se transformou aparentemente numa galinha. Um dia o camponês recebeu a visita de um naturalista que conhecia os hábitos das águias. Este disse: – A águia não cisca o chão como as galinhas. Ela é chamada a voar alto e estar acima das montanhas.

O camponês retrucou: – Mas ela virou galinha. Já não voa mais.

Disse-lhe o naturalista: – Ela não voa agora, mas esta tem dentro do peito e nos olhos a direção do sol e o chamado das alturas. Ela vai voar.

Certa manhã os dois foram bem cedo ao alto da montanha. O sol nascia. O naturalista segurou a águia firme, com os olhos voltados para o sol. E então lançou-a para o alto. E a águia, transformada em galinha, despertou em seu ser de águia. Ergueu voo. Ziguezagueante no começo, depois firme, sempre mais alto e mais alto, até desaparecer no infinito do céu matinal.

Companheiros e companheiras de sonho e de esperança: dentro de cada um de nós vive uma águia. Nossa cultura e os sistemas de domesticação nos transformaram em galinhas que ciscam o chão. Mas nós temos a vocação para o alto, para o infinito. Libertemos a águia que se esconde em nós. Não permitamos que nos condenem à mediocridade. Façamos o voo da libertação. E arrastemos outros conosco, porque todos escondemos uma águia em nós. Todos somos águias.

Fonte: Boff, 2003, p. 82.

Indicação cultural

THUMS, J. Princípios éticos para a escola. In: _____. *Ética na educação*. Canoas: Ed. da Ulbra, 2003.

Esse é o Capítulo 20 da obra de Jorge Thums, cuja pauta é a discussão sobre o ambiente escolar e a organização do mesmo para uma educação ética. É muito estimulante e desafiante fazer essa leitura complementar.

Atividades

1. Descreva o ambiente da escola onde se constatam elementos de formação ética.
2. Cite na relação aluno-professor e professor-aluno momentos ou ocasiões de aprendizagem ética e momentos, se possível, em que o aluno e o professor não foram os sujeitos da ética.
3. Comente sobre o texto a seguir. Aponte concordâncias, observações, restrições, desafios etc.

> Houve uma supremacia da técnica sobre a ética no sentido que os defensores da cultura moderna burguesa gostam de separar as ciências da ética. Em nome dessa separação reduzem todas as discussões sobre o sentido das nossas vidas, a solução de conflitos inerentes à condição humana e à convivência social e a tensão entre o ser e o dever-ser a um problema meramente técnico.

FONTE: SUNG; SILVA, 2007, P. 38.

(**8**)

O sentido humano do trabalho

Na origem de todos os conflitos humanos está o trabalho. A expressão *homo faber* indica que o ser humano é um ser de trabalho, e não só de pensamento e comunicação. O trabalho tem o sentido de procurar o pão cotidiano, contribuir para o progresso contínuo das ciências e da técnica. Por outro lado, contribui para a elevação cultural, moral e ética da sociedade. O que indica a palavra *trabalho*?

Esse termo indica toda a atividade realizada pelo homem, tanto manual como intelectual, independentemente das suas características e das circunstâncias em que acontece. Isso significa que trabalho é toda e qualquer atividade humana, é a capacidade dada pela própria natureza, que se pode e se deve reconhecer, em virtude de sua humanidade. O ser humano faz coisas, reconhece-as e as registra, modificando a natureza por meio de sua atividade. Nesse sentido, o ser humano é diferente dos outros animais, porque é o único que trabalha direcionando-se de um sentido para outro. Nessa perspectiva, somente o ser humano tem a capacidade para o trabalho e apenas ele preenche o tempo conferindo um sentido a sua existência na terra.

O animal não produz a sua existência, mas a conserva instintivamente. O trabalho humano é uma ação consciente, pois possui finalidade e intencionalidade. Responde aos desafios da natureza e da sobrevivência. O trabalho comporta em si uma marca particular do ser humano e da humanidade. Comporta a marca da pessoa que atua numa comunidade de pessoas. A marca, que é presença intencional, determina a qualificação interior da pessoa com um sentido, aperfeiçoando a própria natureza. O mundo do trabalho é organizado pelo ser humano com a inteligência.

A inteligência é a capacidade inata e desenvolvida para transformar o mundo. Por meio da inteligência, o homem produz teorias e ações práticas para o progresso da humanidade. Teoria e prática são interligadas e complementares. A relação entre ambas, ou seja, a síntese, produz uma prática, uma práxis. Nesse movimento dialético, vai-se da teoria para a prática e desta para a teoria, das experiências para o sentido da vida, da moral para a ética. Dessa relação de teoria e prática surgem os sentidos objetivo e subjetivo do trabalho, objeto deste estudo.

(8.1)
O sentido objetivo do trabalho[a]

O ser humano na Terra, pelo conhecimento, tem a incumbência de transformar a natureza por meio do trabalho. O trabalho, pelas necessidades e circunstâncias, faz a pessoa pensar, perceber e sentir que mudanças pode efetuar no mundo em que vive. Um olhar atual sobre o trabalho indica que há mudanças no afeto, nos sentimentos, no prazer, no modo de trabalhar objetivo e subjetivo. Percebe-se ainda a angústia de ter um trabalho, um emprego e o surgimento do medo, da inveja, do ressentimento nas relações de trabalho. No modo de produção e na relação das pessoas no trabalho são geradas as desigualdades e injustiças sociais. Assim, o trabalho humano é a chave de toda a questão social. O trabalho de cada pessoa tem um valor e merece um salário digno para a sua sobrevivência. Talvez esteja, nesse aspecto, a grande injustiça que não permite tornar a vida humana mais humana.

O trabalho constitui uma dimensão fundamental da existência do ser humano na terra. O resultado objetivo do trabalho está atestado nas ciências produzidas: antropologia, sociologia, psicologia, direito, pedagogia, medicina, ciências da computação, entre outras. Todas elas atestam e testemunham o trabalho transformado em realidade objetiva. É a inferência da inteligência no mundo das coisas, na produção de novos artefatos por meio do conhecimento. Assim, o trabalho inicia na subjetividade, no pensamento

---

a. As seções 8.1 e 8.2 são baseadas em João Paulo II (1981).

da pessoa ou no sujeito humano, sendo endereçado para a construção de um objeto exterior que pressupõem um domínio específico sobre os objetos do mundo.

O domínio se refere ao mundo sensível, dos objetos, e de modo consciente o ser humano realiza a atividade como senhor e consolidador do trabalho. Esse processo é universal, pois abrange todos os seres humanos, todas as gerações, todas as fases do progresso social, político, econômico e cultural. Mediante o seu trabalho, o ser humano submete a Terra de modo consciente em todas as atividades como sujeito de seu trabalho. É um processo que atua em cada um dos indivíduos, em todos os sujeitos conscientes de estarem e viverem no mundo. O ser humano se projeta no mundo por meio do trabalho e mediante este. Ele cria a técnica, produto objetivo da mente, para extrair da terra e de produtos manufaturados a sua subsistência. É a invenção da técnica.

A técnica indica a aplicação da inteligência na invenção de produtos objetivos no domínio da natureza. A mão de obra física é substituída por máquinas na agricultura; o setor industrial, passando por fases diferentes, para chegar ao estágio atual da era eletrônica dos microprocessadores. A ciência e a técnica, o trabalho físico e intelectual, têm contribuído em muito para a realização do trabalho objetivo mediante o uso de máquinas e outros mecanismos aperfeiçoados.

Na atualidade, são as máquinas que mais produzem e trabalham. A relação da pessoa com a máquina é de cuidar do seu funcionamento de diversas maneiras. O uso de máquinas na agricultura e as sucessivas mudanças na indústria demonstram claramente que, desde a era pré-industrial até a utilização da tecnologia da informática mais avançada, permanece o sujeito próprio do trabalho: o ser humano.

Da interação do sujeito do trabalho com o desenvolvimento da humanidade, produz-se a técnica. Esta é produto objetivo da inteligência humana. Desde o início do desenvolvimento industrial, até chegar às tecnologias modernas com o advento da eletrônica, a informática é utilizada nos mais variados setores da vida humana atual. A técnica, produzida pelo ser humano, serve como meio para a realização de novos trabalhos. Ela é uma aliada do homem para facilitar, aperfeiçoar, multiplicar e acelerar a produção de produtos novos ou não. Assim, o trabalho entendido no contexto de cada época – antiga, moderna, industrial e pós-industrial – e sua relação com a técnica, com a máquina, são fruto de um trabalho da inteligência humana e são a confirmação histórica do domínio do ser humano sobre a natureza.

O objetivo primordial de qualquer atividade humana é produzir coisas boas e certas para a vida. É fato que nem todas as coisas produzidas pelo ser humano trazem somente benefícios. Exemplo: drogas, estimulantes sem orientação médica, armas de fogo, o conhecimento para destruir comunidades ou pessoas, entre outros. Isso ocorre quando o ser humano utiliza as coisas produzidas para o bem, utilizando-as, no entanto, para outras finalidades ou fazendo mal uso delas. Isso também pode ocorrer com a técnica. O uso inadequado da técnica pode transformar-se em uma adversária sem precedentes para o ser humano. Quando a técnica suplanta este, tirando-lhe o gosto pessoal pelas coisas, ela inibe a criatividade, tira a liberdade e a responsabilidade, tira o emprego e, acima de tudo, faz do indivíduo um escravo da máquina e ou da técnica. A exaltação da máquina e da técnica reduz a pessoa à escravidão, perdendo, assim, o sentido do trabalho humano.

A técnica, produto objetivo do trabalho humano, trouxe uma afirmação justa do progresso econômico, aliado ao bem-estar das pessoas. Paralelamente, surgiram interrogações a respeito do trabalho humano em relação ao sujeito do trabalho, que é a pessoa, interrogações de conteúdo e tensões de caráter ético e ético-social. Os desafios do mundo do trabalho também se tornam um objeto de estudo da educação, da sala de aula, embora o aluno ainda esteja distante do ingresso no mercado de trabalho. Desde os primeiros anos de vida, a criança está em contato com a tecnologia, sobretudo a eletrônica (telefone celular, computador, jogos virtuais, filmes). A função do educador é auxiliar a criança e o adolescente para o uso das tecnologias, tendo consciência de que estas são produtos objetivos do trabalho humano. O trabalho humano também tem um sentido subjetivo que significa que a pessoa é sujeito do trabalho.

(8.2)
O sentido subjetivo do trabalho

O trabalho humano tem um sentido subjetivo? Como entender esse sentido? A produção da técnica é de caráter objetivo, necessária para ampliar o domínio do ser humano sobre a natureza. Devido à consciência que este tem sobre o seu fazer prático e teórico, este também vem acompanhado com um significado. Somente os seres racionais atribuem significado a tudo o que fazem. Se não há significado na atividade, o indivíduo deixa de fazê-la. Por ser pessoa, é capaz de subjetividade.

Em relação ao trabalho, o ser humano é capaz de agir de maneira programada e racional, de decidir por si mesmo e de se realizar. É como pessoa, pois, que o ser humano é sujeito do trabalho. A conquista da humanidade se dá por meio do sentido do trabalho, à medida que realiza as diversas ações dentro do processo produtivo. Isso o torna sujeito do trabalho, independentemente do que faz. Ele exerce um domínio sobre a natureza e sobre o que faz.

O sentido de domínio está na compreensão do trabalho. Qualquer atividade que realizamos exige de nós um domínio. O indivíduo tem um caráter subjetivo, pois implica a compreensão da atividade que está sendo realizada. Nesse sentido, o trabalho se caracteriza como um processo de desenvolvimento do ser humano. Com base nesse processo, o ser humano apresenta o seu domínio sobre a natureza e sobre as outras atividades. Daí provém a natureza ética do trabalho.

A natureza ética do trabalho está na dimensão de pessoa, pois ela é que realiza a obra por meio dos recursos disponíveis ou criados. É uma ação desenvolvida, por parte do indivíduo, de modo consciente e livre, isto é, um sujeito que decide por si mesmo. Afirma-se que aí está o sentido humano do trabalho, pois dele derivam problemas pessoais e sociais importantes. Por isso, a dignidade do trabalho não deve ser buscada somente na dimensão objetiva do trabalho, mas, sim, na dimensão subjetiva.

O trabalho objetivo é importante porque está na base subjetiva. O trabalho prático ou técnico tem valor porque é exteriorização da subjetivação. O que se quer ressaltar é o primeiro fundamento do trabalho: é o ser humano, o seu sujeito. Tal afirmação resulta em uma conclusão ética de que o ser humano, antes de tudo, é chamado ao trabalho e não o trabalho para o homem. O trabalho faz parte da vida humana. Quem o executa é a própria pessoa. Se o trabalho for mais importante do que a pessoa (seu sentimento, emoção, amizade), distorce-se o valor e o significado do trabalho. Isso significa dizer que o sentido subjetivo (compreensão, entendimento do trabalho) prevalece sobre o objetivo (o fazer): o trabalho é para o ser humano e não este para o trabalho. Popularmente, afirma-se "O meu nome é trabalho". Isso significa que o trabalho é mais importante do que a pessoa. Isso implica a perda do sentido subjetivo do trabalho.

Alguns indivíduos afirmam que os seus trabalhos são mais importantes que os dos outros no sentido objetivo. Isso talvez ocorra devido à compreensão subjetiva que a pessoa tem de seu trabalho. Talvez ela meça o seu trabalho pela dignidade que julga ter como sujeito dessa ação. Qualquer trabalho tem uma finalidade. Existem pessoas que realizam trabalhos que não gostam e que não concebem sentido ao fazê-lo. Outros desprezam certos trabalhos, seja por ignorância, seja porque não veem significados. Carecem de uma visão subjetiva da dignidade do trabalho.

A finalidade do trabalho, por mais diferente, monótono e humilde que seja, possui, em sua base, sempre a mesma pessoa, o próprio ser humano. É preciso se dar conta que, independentemente do tipo de trabalho, sempre há, ali, um ser humano. Os seres humanos, em sua essência, são iguais. O que muda é como cada ser humano coloca em ação a sua objetividade e subjetividade na relação social.

Na educação, é possível desenvolver novas formas de pensar, de julgar e de agir no mundo nas relações de trabalho. É preciso descobrir a dignidade do trabalho na sociedade atual em face das novas tecnologias e das características do mundo atual, no qual a concepção do tempo e do espaço tem um novo significado: o aqui e o agora.

(8.3)
A dignidade do trabalho

A dignidade do trabalho passa pela dimensão subjetiva deste a partir da realidade objetiva. Todas as atividades do trabalho resultam em uma relação direta com aquele que o executa. Todos os tipos de trabalho envolvem fadiga, cansaço; uns mais, outros menos. Como já dissemos, os diferentes trabalhos têm um único sujeito: a pessoa. Todos, por caminhos diferentes, realizam o trabalho no domínio da natureza, algo próprio do homem, na busca de sua sustentação e realização.

A fadiga é um fato universal vivido e experimentado pelos trabalhadores no exercício do trabalho. Um trabalho braçal, seja onde for, por vezes, é extremamente difícil – na agricultura, labuta-se por longas horas de trabalho; nas minas e nas pedreiras, nas siderúrgicas, na construção civil, homens são expostos a trabalhos difíceis; trabalhos intelectuais de cientistas, professores e educadores têm ressonância no plano social; médicos e enfermeiros cuidam de pessoas doentes; mulheres e homens cuidam, no silêncio, de pessoas deficientes, da educação dos filhos e dos trabalhos domésticos. Assim, sabem todas as pessoas que o trabalho faz parte da vida humana. Ele acontece em circunstâncias diferentes, mas sempre executado por uma pessoa.

Apesar da fadiga no trabalho, devemos considerar o trabalho sendo um bem árduo, um bem do homem. É um bem útil e necessário, sendo impossível fugir dele. Assim como não existe pura liberdade, não existe trabalho sem fadiga. É um bem digno, correspondendo à dignidade do ser humano, na medida em que engrandece a sua vida. O trabalho é um bem do ser humano, é um bem da humanidade. Disso decorre o sentido ético do trabalho.

O sentido ético está não somente na transformação da natureza, mas na adaptação às próprias necessidades, na realização do próprio ser, no sentido de a pessoa se tornar mais pessoa. O trabalho se torna uma virtude como aptidão moral. Por meio do trabalho, como aptidão moral, a pessoa se torna boa se escolher o caminho da laboriosidade. Por outro lado, por circunstâncias diversas, o trabalho pode diminuir a dignidade humana.

O trabalho forçado, a exploração da mão de obra infantil, da mulher, o trabalho manual de pessoas na lavoura, sem condições e técnicas em atividades diferentes, não considera o sujeito do trabalho. Isso depõe contra a dignidade do ser humano como trabalhador. Nessas circunstâncias, há a degradação da pessoa a favor do trabalho, e não o trabalho como meio de realização. A dignidade consiste, em qualquer meio de trabalho, na valorização moral. Das esferas objetivas e subjetivas, de caráter individual, passa-se para uma outra dimensão: o trabalho como um fazer pedagógico. É preciso aprender a trabalhar. É função da família e da escola auxiliar nessa aprendizagem.

(8.4)
O trabalho do fazer pedagógico

Já se afirmou que o *homo faber* é o indivíduo capaz de fazer. Por meio do fazer, ele transforma o mundo e cria uma nova realidade. O professor desenvolve um trabalho cultural:

auxiliar meninos e meninas a aprenderem a trabalhar. Sem dúvida, no início, é um trabalho intelectual e, à medida que passam os anos, ele integra a teoria e prática dos estudantes. Todas as atividades implicam um saber fazer no sentido pragmático e utilitário. Faz parte da educação a dimensão do saber fazer, do reproduzir ou até de fazer igual. As crianças, no estágio inicial da vida, aprendem basicamente por imitação. Daí a importância de pais responsáveis, de adultos morais e éticos, de professores-modelo. Qual a importância de saber fazer igual ao professor? Saber fazer igual a um modelo proposto em sala de aula ou para outras atividades em casa?

A ação pedagógica, para ser eficiente e real, deveria considerar o mundo do trabalho. Esse mundo deveria ser ensinado ou ao menos considerado na escola. Talvez aí esteja uma das causas pelo não interesse do aluno nos estudos – a desvinculação do estudo com a prática do fazer as coisas. O mundo do trabalho é prático. O professor é um teórico e um prático. Portanto, ele deveria ser o mais capaz de integrar teoria e prática. É preciso compreender que há ocasiões e circunstâncias da vida em que é imprescindível saber fazer. Quem não sabe fazer fica sempre na condição de dependência, atrelado a alguém, preso a si mesmo e ao mundo. Saber fazer envolve um sentido de sobrevivência. Para sobreviver, é preciso se desenvolver uma série de atitudes e ações significativas na superação da dependência.

O trabalho do fazer pedagógico implica desencadear ações em sala de aula ou em outros lugares na escola que despertem no aluno o fazer de atividades múltiplas. Acredita-se que esteja aí o sentido obscuro da perda de interesse do aluno na aprendizagem, seja teórica, seja prática. Quando o aluno perde o interesse, há, provavelmente, na busca pelo conhecimento, um desencontro entre a atividade intelectual e o fazer prático. A ação pedagógica é apenas repetitiva e sem importância visível ou previsível. A dependência pedagógica se manifesta no aluno quando este apenas imita ou faz igual ao professor. O aluno perdeu a capacidade de ser e de fazer. Porque que isso ocorre? Provavelmente porque a escola tem muitas ações que precisariam ser eliminadas, segundo Thums (2003, p. 92), como a multiplicidade de fazeres sem sentido, de se fazer por fazer, de se fazer sem saber porque se faz . Qual é o caminho?

O caminho é mostrar, no processo educativo, portanto pedagógico, que o sujeito envolvido é alguém que quer e precisa aprender. A vida adulta é um referencial. Os adultos acreditam que o que estão ensinando é útil para a vida das crianças e jovens. Essa intervenção adulta ocorre em sala de aula, e deveria ser feita de forma clara, objetiva e cuidadosa. Nas atividades escolares, o educador deve simular situações que impliquem um sentido objetivo – saber fazer – e um sentido subjetivo – entender o que fazer e como fazer. Trabalhar as dimensões do saber fazer, no processo de ensinar e aprender, implica desenvolver as duas dimensões do trabalho: objetiva e subjetiva.

Hoje se constata que muitos adultos são dependentes porque não aprenderam a trocar uma fechadura de porta ou um pneu de carro, fazer uma comida, lavar uma roupa, fazer pequenos consertos na casa ou em máquinas, plantar uma verdura, arrumar a casa e muitos outros serviços que poderiam causar satisfação ao invés de aborrecimentos. Que afazeres práticos a escola ensina com base nos conteúdos das disciplinas? A ideia do saber fazer envolve a dimensão do conhecimento e da ação educativa, cujo maestro é o professor. No trabalho pedagógico, o conhecimento e o professor estão correlacionados. Thums (2003, p. 93) assim se expressa:

> *conhecer significa saber demonstrar, reproduzir, descrever o conteúdo apropriado pela razão, pela inteligência, pelos sentidos sensitivos e cognitivos. Conhecer significa ser capaz de identificar o caminho no caminhante, com o caminhante e para o caminhante. Existe uma condição de coparticipação educativa. Talvez não custe lembrar que fazemos história com os outros. A condição do professor não é solitária, tampouco constitui uma inserção imparcial descomprometida no mundo do aprendiz. O professor é um caminhante, um orientador na vida de cada sujeito que ele encontra e com quem convive todos os dias em sala de aula. O professor acaba fazendo parte de um processo de aprender coparticipativo e corresponsável, onde é impossível não ser sujeito modelar. Ao menos faz parte um modelo a ser imitado ou rejeitado.*

O trabalho do fazer pedagógico necessariamente passa pela capacidade objetiva e subjetiva do professor. Nisso consiste o trabalho humano em preparar outros sujeitos para o trabalho, seja intelectual, seja pragmático. A escola e o professor estão envolvidos nesse processo, pois dominam os conhecimentos necessários, por competência e sem medo repassam os saberes para os alunos. Freire (2008) sustenta que o discurso do professor "precisa ser ético", que o "trabalho seja humano", que as atitudes e crenças sejam inerentes à prática do trabalho educativo e profissional.

O trabalho é humano porque tem dignidade. Cada ação desenvolvida, cada fazer carrega um suor, um sofrimento e uma alegria. A prática objetiva do trabalho, seja manual, seja intelectual; o sentido e significado do trabalho na dimensão subjetiva (conhecimento) e as práticas pedagógicas indicam que é preciso lutar, viver e testemunhar práticas dignas nas relações de trabalho. O professor é esse agente ético, pois demonstra, por meio de ações, os conteúdos úteis para a formação intelectual, para o trabalho e para a vida.

A dimensão ética objetiva do trabalho consiste em valorizar o produto feito por qualquer pessoa; valorizar as ideias, ou seja, a dimensão subjetiva do trabalho, é a criatividade que antecede o fazer do produto. A dignidade do trabalho está em reconhecer que, por trás de qualquer atividade laboral, está uma pessoa. O trabalho tem valor porque neste está o suor, a fadiga, a inteligência de um ser humano. O que mais se clama hoje é pela humanização do trabalho, pois fazê-lo significa reconhecer seu sentido e significado. A ética diz que não se pode apenas valorizar o produto final, mas, sim, considerar todo o processo do trabalho. No fazer pedagógico, isso é extremamente importante: valorizar todo o processo do aluno. Valorizar significa também corrigir, avaliar, propor e indicar novos caminhos. Assim se renova o sentido e o significado do trabalho objetivo, subjetivo: ele é ético.

Indicações culturais

THUMS, J. Significados do ensinar e do aprender. In: _____. *Ética na educação.* Canoas: Ed. da Ulbra, 2003.

Esse é o Capítulo 5 da obra de Thums. Aborda-se o fazer pedagógico do professor com os alunos, bem como o saber fazer e o aprender a fazer em educação.

JOÃO PAULO II, Papa. *Sobre o trabalho humano.* Petrópolis: Vozes, 1981.

Essa encíclica é uma obra que reflete em profundidade sobre o sentido humano do trabalho. Merece ser lida, pois ela demonstra como o ser humano, no decorrer da história, fundamenta o seu fazer e a sua realização como autor da transformação da natureza e do mundo por meio do trabalho.

Atividades

1. O que você pensa sobre o seu trabalho de professor?
2. Caracterize o trabalho objetivo do professor.
3. Caracterize o trabalho subjetivo do professor.
4. Que ações pedagógicas podemos desenvolver para integrar os sentidos objetivo e subjetivo na escola?
5. Analise a dignidade do trabalho com base nos objetos na sala de aula (que dignidade existe por trás do livro, da cadeira, do lápis, do caderno, dos recursos, da roupa etc.). Nesses objetos todos, está o trabalho de uma pessoa, em sua transformação primária, secundária e terciária.

(9)

A linguagem ética

O ser humano, no decorrer de sua existência histórica e social, desenvolveu uma linguagem específica para poder informar e comunicar as suas descobertas. Devido a uma característica física especial, ele aprendeu a falar e a escrever. A invenção da fala e da escrita é o que o diferencia dos outros seres vivos. A linguagem é o meio de interação entre os semelhantes, entre o passado e o futuro, recurso utilizado para informar, comunicar o conhecimento produzido. Com essa linguagem, o ser humano produz artefatos como a televisão, a internet, a educação e a ética.

A linguagem falada e escrita abre o horizonte do entendimento humano. O domínio da linguagem representa a capacidade humana de evoluir e abrir novas fronteiras para o conhecimento, para o trabalho, para a educação e para a ética.

O referencial teórico para explicar as seções a seguir, sobre informação e comunicação, para, dessa forma, desenvolver uma reflexão na linguagem da televisão e ética da linguagem do professor, tem como base a obra de Pena-Veja, Almeida e Petraglia (2008), mais especificamente sua segunda parte, intitulada *Cultura e comunicação*.

Os objetivos deste capítulo são mostrar a importância da linguagem ética na formação da criança; preparar o professor para informar e comunicar, de forma ética, os conteúdos das disciplinas e outras formas de comunicação na escola; e mostrar que, por meio da linguagem, abrem-se as fronteiras na busca do conhecimento.

(9.1)
Informação e comunicação

A ética é uma linguagem reflexiva gerada pelas condutas morais produzidas pelas comunidades. As condutas morais são informadas à pessoa e, à medida que ela avança no tempo e no espaço, desenvolvendo-se física e intelectualmente, ocorre a comunicação. A informação pura e simples ainda não é comunicação. É apenas o início de um processo. Informar os costumes existentes ou as regras morais ainda não significa comunicação. É preciso estabelecer um diálogo, uma reciprocidade entre aquele que emite a mensagem e aquele que a recebe.

Isso significa comunicação. Pergunta-se: Por que os seres humanos se comunicam?

Os seres humanos se comunicam, segundo Pena-Veja, Almeida e Petraglia (2008, p. 123), "para informar, para nos informarmos, para conhecer, para, eventualmente, nos conhecermos, para explicar, para nos explicarmos, para compreender e nos compreendermos". A citação nos estimula a pensar que a comunicação implica informação e conhecimento, explicação e compreensão, elementos fundamentais para a compreensão da linguagem ética.

Todos nós temos saberes e recebemos diariamente muitas informações. Ao recebermos estas, não sabemos, muitas vezes, o que fazer com elas. Sutilmente entram em nós, mas não são integradas aos conhecimentos já existentes. A dificuldade está em fazer a triagem das informações e, dessa forma, incorporá-las ao conhecimento. Possuir um conhecimento organizado é ser capaz de ampliá-lo com novas informações. Ter um conhecimento organizado permite aceitar as informações boas e rejeitar aquelas que não acrescentam saberes. O mesmo ocorre com a moral e a ética. Todos os dias são recebidas informações, notícias de práticas positivas e de práticas negativas do ser humano. Elas normalmente vêm em forma de informação. No ato educativo da família, da escola e das instituições sociais, quantas informações são passadas do certo e errado, do justo e injusto, do que pode e do que não pode. Quantas vezes por dia se diz "sim" e "não" e informa-se do dever ser para as crianças ou os adolescentes? É preciso explicar para que a informação seja integrada no conhecimento e se traduza numa linguagem de postura ética. O que significa explicar?

Como pais, mães, professores e intelectuais, em quantas situações ficamos devendo uma explicação? Fazem rodeios e voltas para tentar dar uma explicação. A criança, o jovem e os adultos nos perguntam: "Por que é preciso estudar esta disciplina?", "Por que não posso fazer aquilo que desejo fazer?", "Por que isto está errado?", "Por que não posso assistir televisão, ficar ligado à internet, sair com os amigos e comprar aquilo que eu quero?". Certamente, as nossas explicações quase sempre são insuficientes. Sem conseguir convencer, na insuficiência das explicações, propõem-se algo em troca. Negociam-se favores! Cada um de nós já passou por essa experiência. Na verdade, explicar é uma tarefa árdua, como explicar comportamentos morais e éticos. Para explicar, é preciso considerar elementos de tempo e espaço, de causalidade e finalidade, de compreensão de mundo e de pessoa, de áreas da ciência, tais como a lógica, dos processos conscientes, dos métodos de indução e dedução, ou seja, considerar todos os elementos que entram e participam de um contexto em que o fato ou o objeto de conhecimento está inserido. A moral e a ética só podem ser explicadas com base no contexto de vida da pessoa. A tudo isso é preciso acrescentar um outro elemento, imprescindível para o conhecimento e para a linguagem ética: a compreensão.

 A explicação transcorre em um âmbito objetivo, da prova e da consistência lógica dos dados apresentados, ou seja, do conhecimento do objeto. A compreensão atende à subjetividade, à empatia, ao desejo, ou seja, ao sujeito da ação. Explicar o trabalho e a educação, sob o ponto de vista objetivo, faz-se necessário, pois é parte anterior e integrante da compreensão. Esta se refere ao sujeito da ação. O sujeito, como objeto da compreensão, por meio de sua subjetividade, torna-se o sujeito, autor conhecido do fato. Como sujeito do conhecimento, ele engloba e integra a explicação. A linguagem utilizada em cada área do saber é importante e diferente. Há ciências que, por sua natureza, são quantitativas, desprezando o sentimento, a empatia e a subjetividade. Enquanto é possível e necessário, nas ciências humanas, integrar o sujeito com o objeto conhecido.

A função da linguagem ética é exatamente esta: conhecer o sujeito humano do conhecimento, suas limitações e conquistas, sua liberdade e responsabilidade. É importante lembrar, ainda, que existem muitas informações, talvez até muitas explicações, mas, em um sentido restrito, existe pouca compreensão da comunicação. O grande desafio do mundo atual, sobretudo dos meios da comunicação, é dar sentido àquilo que comunicam. A ética, a reflexão sobre os conteúdos abordados por meio dos recursos de comunicação é uma provocação a ser considerada, para instigar a saída do marasmo da comunicação humana. É preciso considerar a informação que é organizada pelo conhecimento de forma objetiva, explicada e compreendida de forma subjetiva pelo sujeito da ação, da informação e da comunicação.

(9.2)
A linguagem da televisão e da internet educa?

As pessoas explicam, interagem umas com as outras e com a comunidade. Não é possível ser completo nas explicações e na compreensão das mensagens. Uma explicação técnica é mais fácil de ser comunicada. Os conteúdos que se referem à vida, como os valores, a ética e o sentido do trabalho, quando comunicados, são passíveis de erro. Tem-se a intenção de acertar. Como a comunicação é subjetiva, existem explicações e compreensões diferentes. As linguagens utilizadas pela televisão e pela internet poucas vezes permitem uma compreensão precisa ou que satisfaça o conhecimento, os valores e sentido de vida das pessoas. Os pais e educadores perguntam: Será que a televisão e a internet educam? A linguagem é formadora de crítica? Ela é ética? Há elementos educativos para as crianças e jovens atuais? Em relação à ética, Novaes (2007, p. 570) questiona: "Como pensar a ética a partir das contradições de um mundo que, no mesmo espaço e tempo, produz uma ciência e intelectuais dedicados a pesquisar os princípios da vida e armas de morte; progresso das comunicações e mecanismos sutis e aberrantes de censura?".

Para entender a linguagem da televisão, é preciso extrapolar o conceito educativo utilizado na pedagogia do fazer da instrução escolar. Ao fazer a pergunta: "A televisão e a internet educam para a vida?", "O que é formar?", aqui se aplica o conceito de formação. A compreensão do educativo como formação adquire um novo sentido. As contradições do mundo aparecem tanto na tela da televisão como na internet. Todos aqueles que têm acesso a essas mídias estão perante um processo de formação. Nesse sentido, ambas educam a pessoa, porque esta aprende alguma coisa por meio desses recursos. Sabe-se, no entanto, que há um excesso de informações. Algumas mensagens serão assimiladas, outras, descartadas. Evidentemente, para ser educação, no sentido restrito, é preciso percorrer todo um caminho, é um processo penoso a ser trilhado para ser conhecido e compreendido o que é educar de fato. Será que existe passividade diante da à tela? Qual a relação entre a televisão e a casa? Qual a influência da imagem sobre as pessoas? São três questões, entre outras, que merecem uma reflexão: a passividade, a "televisão como casa" e a imagem da televisão.

Ao se fazer uma análise, percebe-se que a pessoa não fica passiva diante da televisão. Precisa-se entender que há passividade física e a passividade mental ou psicológica. Quando se assiste à televisão, não há passividade psicológica. Não se está discutindo, nesse momento, as aprendizagens realizadas com base no assistir televisão. O que as pessoas conversam no dia a dia? Elas normalmente partem de algo que viram na televisão: novelas, notícias, filmes avaliados de forma positiva ou negativa. O espectador estabelece um diálogo com os personagens que aparecem na tela ou com os quais se relaciona na internet. A mente se torna ativa, no sentido de que o espectador dá uma nova forma, uma nova compreensão tendo por base aquilo que vê. Sem dúvida, existe a passividade física, pois a pessoa fica sentada, olhando o que se passa na tela, mas o seu psicológico está ativo; por isso, ela reclama, discorda, propõe com base em seu mundo. A pessoa, ao acompanhar conteúdos de televisão, julga-os com base em seu mundo percebido, vivido e idealizado. É passiva fisicamente, pois é espectadora, mas é ativa mentalmente, pois coloca em ação toda a sua subjetividade, o meio em que vive, a sua psicologia para a compreensão das mensagens emitidas pela televisão.

A televisão está na casa das pessoas. Existe uma relação afetiva para com a televisão porque ela é um elemento do lar. Ela está na relação de importância da casa, a televisão é uma casa dentro de casa. É por meio dela que existe uma determinada abertura para o mundo e que este entra nos domicílios. As pessoas desejam ter um lar, uma casa aconchegante, confortável, tranquila, para gozar a felicidade. Por isso, na atualidade, os vizinhos de casa quase não se conhecem, não se falam, não se auxiliam. As pessoas se tornaram desconhecidas, mesmo sendo vizinhas. No passado, quando não havia televisão, as pessoas se relacionavam intensamente com os indivíduos que lhes eram mais próximos. Hoje, a televisão preenche esse espaço. Não é preciso mais falar com os vizinhos para se estar informado. Hoje, o planeta está dentro de casa. As pessoas consomem o mundo de forma imaginária, porque se pode saber de tudo o que acontece nele. Quem tem condições financeiras consegue dar umas voltas fora de casa: usa o carro, o trem ou o avião para olhar o que está fora do ambiente doméstico. Depois, retorna para o seu mundo real e imaginário.

A televisão trabalha essencialmente a imagem. O mundo entra em nós pelos sentidos, especialmente pela visão, ao perguntar: "A televisão educa?". Estamos num universo amplo de formação do indivíduo. Como a televisão, por meio de seus múltiplos programas, está presente na casa das pessoas, sejam ricos ou pobres, ela abre um novo mundo. Ela aumenta a experiência individual da imagem. Enquanto a pessoa vivia no seu mundo fechado, apenas na sua residência, era incapaz de vislumbrar outras realidades. Seria interessante visitar pessoas ou comunidades que não possuíam televisão e que, em dado momento, tiveram acesso a ela. Provavelmente diriam que descobriram um mundo diferente e a si mesmas como potencialidade. Essa potencialidade, como nova oportunidade, foi dada pela imagem da televisão. Houve uma mudança de concepção de mundo. As imagens de mundo trazidas pelas televisões de todos os recantos do planeta, para a nossa casa e nossa vida pessoal, eclodiram e trouxeram consigo mudanças drásticas para a comunidade mundial e local.

A televisão é objeto de estudo no fazer pedagógico? Com as mudanças de percepção de mundo e de pessoa, quais aspectos precisam ser considerados na moral e, posteriormente, em uma reflexão ética? A televisão e a internet ampliaram, aceleraram, de forma extraordinária, os costumes pessoais e sociais. A tendência é viver num único ritmo universal, num subúrbio generalizado. Daí a importância da educação e da ética na formação do cidadão atual. Essa formação implica a elaboração de uma linguagem ética. Implica um olhar planetário, com o qual se pode ver tudo e, se não houver cuidado, ao mesmo tempo, tudo pode passar despercebido.

(9.3)
A aprendizagem da linguagem ética

A linguagem passa por todos os nossos sentidos, aprendida ou apreendida por meio de múltiplos meios: a família, a escola, a televisão, a internet, os colegas e tantos outros meios. Todos esses meios ampliam o nosso modo de viver e perceber o mundo (planetário e individual) e o outro.

O aluno tem o direito de saber como é feita a conexão dos conhecimentos escolares com o conhecimento de seu mundo? Como ocorre o diálogo entre os saberes do aluno com os conteúdos estabelecidos em currículo? O discurso deveria partir destas outras questões: "É preciso pesquisa?", "Que pesquisas existem em nossas escolas?", "Será que existe uma coerência entre os pesquisadores de educação e a linguagem docente?", "Utilizam a mesma linguagem?", "Existe coerência entre os conteúdos propostos, tornando possível elaborar um conteúdo ou uma mensagem ética?". Talvez haja mais interrogações do que respostas ou soluções. A compreensão da linguagem ética passa pela reflexão, pela ação, pelo discurso e pela consequência.

Pensar é uma característica humana. O ser humano aprende a pensar por meio dos desafios do dia a dia. Cada um desenvolve a sua lógica de pensar. Confrontado e desafiado com os dados que o mundo oferece, a pessoa precisa ordenar e organizar os conteúdos diversos. Espanta hoje a dificuldade que as pessoas têm de pensar a sua vida em profundidade. Existe um pânico do pensar profundo para se descobrir as causas das coisas. Fala-se muito dos outros, das instituições ou das ideias que nos são trazidas pelos meios de comunicação. Na verdade, existe um pavor de encontrar-se consigo mesmo. Tanto é que frequentemente é feita a pergunta clássica: "Se fizer isto ou aquilo, o que os outros pensam de mim?". A linguagem ética só pode ter início e desenvolvimento se a pessoa optar por si mesma, não fugindo mais de si, mas escolher o caminho da liberdade e responsabilidade. Aprender a pensar em profundidade evita o pânico e o sentimento de inutilidade. A pessoa torna-se capaz de integrar o mundo real e o ideal, o mundo da televisão e o imaginário como fontes de agregar mais vida, mais solidariedade. Não se pode ficar só no âmbito das ideias, da reflexão; é preciso agir.

A ação muitas vezes se torna difícil devido ao sentimento de inutilidade que a pessoa manifesta perante os outros e o mundo. A sociedade atual tem como moda relativizar tudo. O pensamento perene, imutável e racional parece que sumiu da linguagem das pessoas. Com o relativismo, foram-se os valores e o sentido da vida e, consequentemente, enfraqueceu-se a vontade de agir. A ação implica assumir a responsabilidade consigo mesmo e com o mundo por meio da dinâmica do fazer. Aprender a fazer significa operacionalizar o mundo real com o mundo ideal, entre o discurso prático e teórico, a utilização dos recursos existentes, colocando-os em movimento e ação. Eis o que é necessário: colocar em movimento e ação a vida, o pensamento, o sentimento, o trabalho e a cultura. Assim, ao vencer o sentimento de inutilidade, está se contribuindo na formação de uma linguagem ética. A linguagem passa pelo discurso.

O ser humano elabora o seu discurso, um referencial lógico que explica a realidade com base em elementos provados e pensados, desencadeados com base em ação. São os argumentos que sustentam a nossa reflexão-ação, no convívio social. O discurso é fundamental para que os outros tenham acesso ao pensamento e à ação. O discurso realiza o papel intermediário entre o discurso técnico-científico e o âmbito social. Vive-se em um mundo científico e num mundo social, que engloba as descobertas científicas que repercutem no comportamento dos indivíduos. Que consequências surgem tendo-se por base a reflexão, a ação e o discurso sobre as pessoas e a sociedade?

Existe a liberdade do fazer. No entanto, isso é apenas a metade do comportamento ético, apenas completando-se com a responsabilidade. Hoje, todas as ações implicam um agir responsável. Seja pequena, seja média, seja grande a forma de pensar, agir e discursar, sempre haverá uma consequência perceptível no mundo em que se vive. A consequência envolve a nossa liberdade e a responsabilidade diante da reflexão, da ação e do discurso e expressa o que se vive. Todos os nossos atos implicam uma ação prática e teórica, numa dimensão bioética.

A linguagem mediatiza as relações humanas por meio do discurso. Ao mediatizar a linguagem do discurso, possibilita a comunicação e a elaboração de um discurso ético. Isso é muito importante para a educação. A escola forma as pessoas para a vida. O discurso desta, por meio dos professores e responsáveis, precisa argumentar, justificar e dar sentido ao fazer pedagógico. A ética se manifesta, inicialmente, no discurso e, depois, no fazer pedagógico com uma visão de mundo e de pessoa coerente com as conquistas da ciência em todas as áreas. O educador-professor é que lida diretamente com os alunos. A linguagem dele é fundamental na formação do aluno. Ela precisa ser essencialmente ética, englobando possibilidades de ser, do *viver ser*.

(9.4)
A ética da fala do professor

O professor passa pela avaliação dos alunos, seja positiva, seja negativa. O educador sempre está no discurso ou na fala dos alunos, por comentários pertinentes ou não. Por outro lado, existem as modas pedagógicas, tipos de escolas experienciadas no decorrer dos tempos, professores com variados métodos de ensino, currículos alterados de tempos em tempos; seja como for, o professor sempre está presente. A escola se sustenta por meio do professor, com suas qualidades e defeitos. Existem professores fascinantes e excelentes, como também professores medíocres. Quem mais discursa para e com os alunos é o professor. O professor tem pleno domínio de sua prática pedagógica? As investigações feitas em sala de aula conduzem para uma prática de aprendizagem? Existe uma coerência entre a fala do professor e os conteúdos ensinados? A fala do professor é real ou está pautada no imaginário, no ilusório?

Mesmo que o professor esteja confuso sobre seu verdadeiro papel de educador na sociedade atual, no mínimo, ele precisa se dar conta de que vive dentro de um espaço e tempo primordiais: é mestre de um fazer e de uma fala ética. O papel do mestre, segundo Reboul, citado por Thums (2003, p. 441), é, "qualquer que seja a sua disciplina, e, antes de qualquer coisa, libertar o aluno, corrigir os seus erros, curá-lo de sua timidez, da sua crispação, da sua presunção, do seu desespero. Educar ensinando. Chegará esta constatação para legitimar o que se chama de o poder docente".

Para que um indivíduo se torne professor, é preciso que este tenha clareza do seu papel de mestre. Um professor confuso não pode ser ético. Estar confuso quanto à concepção de mundo, de pessoa, de sociedade, de trabalho (lamenta o seu trabalho de ser professor) e de meios de comunicação (televisão, rádio, internet) induz a uma prática educativa desastrosa. O professor, na sua fala, tem o dever de dar "pautas de desenvolvimento para o aluno, através da aquisição metódica e esforçada de valores em que ele é modelo, mensageiro, representante" (Thums, 2003, p. 441).

A fala do professor passa pela sua maturidade. Pressupõe-se que o professor é um modelo a ser imitado. Dessa forma, é importante que esse saiba conduzir o processo de aprendizagem, demonstre vontade de educar, releve o discurso do aluno, acredite no que faz, adote uma postura crítica diante do errado ou do falso, indique o caminho da verdade e assuma uma atitude de construção da vida do aluno. Esses valores são indicativos de que o professor apresenta uma atitude ética.

Ser ético na fala representa a capacidade do professor como mestre, orientador, educador e formador das pessoas que, num futuro próximo, continuarão a construir um mundo de conhecimento pautado em valores. O professor é muito mais que um simples trabalhador da educação. Ele tem e é um valor ético. Ético porque tudo o que faz, desde um olhar, um sorriso, um gesto, uma ideia, uma escrita, um tom de voz, um "sim" e um "não" fazem com que este seja um modelo para o aluno.

A reflexão deste capítulo sobre a linguagem ética é fundamental para fazer uma educação pautada em valores. Vive-se em um mundo onde a informação e a comunicação podem nos incluir e excluir do processo de construção de um mundo. A televisão, presente na nossa casa, por meio de imagens, pode modificar o nosso modo de viver para o bem ou para o mal. Conhecer e compreender a linguagem, a partir de sua origem (informação, comunicação, televisão) representa uma necessidade ética. É preciso participar desse processo, pois cada um tem algo a dizer de como percebe e apreende o mundo. A escola, sustentada pelo professor e pela sua fala ética, provoca a inteligência dos alunos para serem cidadãos éticos. Ele, por meio de sua linguagem, realiza a inclusão do aluno na escola e na sociedade, provocando-o para participar no processo escolar e na comunidade comunicando-se livre e responsavelmente.

Indicação cultural

PENA-VEJA, A.; ALMEIDA, C. R. S.; PETRAGLIA, I. (Org.). *Edgar Morin*: ética, cultura e educação. 3. ed. São Paulo: Cortez, 2008.

Nesta parte do texto, recomendamos a leitura da segunda parte da obra referenciada, cujo título é *Cultura e comunicação*. É um texto atualizado e muito sugestivo para a formação do educador, porque relaciona a cultura com os novos desafios oriundos da televisão e da internet, procurando responder a questões como: A televisão educa? Como as pessoas se relacionam com esse meio de comunicação? Acreditamos que possa auxiliar na compreensão sobre o relacionamento das pessoas a partir da cultura e da televisão.

Atividades

1. Diferencie e relacione informação e comunicação.
2. A televisão e a internet estão na nossa casa. Qual é o seu pensamento sobre a televisão e a internet nos dias atuais? Que tipo de aprendizagens elas informam/comunicam?
3. Pesquise e reflita sobre como utilizar as mensagens e imagens da televisão e da internet no ato de ensinar conteúdos propostos pelo currículo escolar.
4. Analise as explicações que fazem parte das disciplinas e sua relação com a compreensão do objeto estudado neste capítulo.
5. Identifique discursos éticos e não éticos do professor. Como um discurso ou uma fala não ética de um professor pode prejudicar o rendimento dos alunos em sala de aula?

(**10**)

Educação em valores

Otávio José Weber

A sociedade contemporânea está fazendo a síntese com base nos adventos científicos técnicos e humanos para construir um mundo com base em valores. É o resgate do humano com ética nas diferentes circunstâncias: na honra e na desonra, na vida e na morte, na miséria e na riqueza, no bem e no mal, no trabalho e no desemprego, na escola e fora dela, com os meios de comunicação que envolvem a vida pessoal e social. Por que a necessidade de uma educação em valores?

A espécie *homo sapiens* tem a incumbência de pensar a vida humana em todos os seus níveis: visão de mundo e de pessoa, natureza física e psicológica, a vida pessoal e social, dentro de um mundo globalizado, com pluralidade de interpretações e busca incessante dos porquês da existência humana. Toda essa realidade acontece, transparece e é decodificada pela educação. A síntese em valores surge quando se preconiza a ética, o trabalho, o sentido e o significado da existência humana.

A síntese passa pela compreensão do que seja valor. Seu agente profissional, o professor, como o primeiro responsável ético, além da família. Educação para o trabalho, a partir do seu trabalho e de uma proposta de educação em valores, é a proposta deste estudo.

(10.1)
Concepção de valores

A linguagem sobre valores atende mais à apreensão e à compreensão do que propriamente a explicação destes. Explicar o que são valores para as pessoas e como as pessoas os entendem é tarefa complexa, quase impossível. Cada pessoa dá uma importância diferente às coisas e escolhe valores segundo a sua percepção de mundo, de pessoa e de vida. Poderia se dizer, nessa perspectiva, que os valores têm uma importância significativa na vida das pessoas, dão satisfação pessoal e são aceitos pelo coletivo.

A ideia de valor vislumbra e fundamenta a moral e a ética. As reflexões desenvolvidas nos capítulos anteriores remetem a essa realidade objetiva e subjetiva. A concepção de valor está na perspectiva do ser, conjugado com a existência da liberdade e da responsabilidade do desejo de fazer o bem. É por isso que o valor clama. Ele existe, mas não se confunde com o ser da pessoa. Ele existe fora desta (objetividade), como uma possibilidade de ser apreendido pela adesão livre do indivíduo (subjetividade), que adere a ele, age com ele de forma relativa ou absoluta (relação interssubjetiva). Valor é tudo aquilo que tem significado pessoal, que gera satisfação pessoal e coletiva. São referências, marcas definitivas ou quase definitivas. Eles são eleitos no decurso da vida, portanto, são intencionais. É uma ação consciente, logo, intencional, ao escolher o que convém ou o que não convém, entre o certo e o errado. O que se pode considerar para o nascimento dos valores?

Os valores nascem a partir do momento em que a pessoa começa a valorar a vida, que descobre a preferência deste em detrimento daquele, ou seja, define, com base em escolhas, os valores essenciais para ação que atenda aos caprichos, aos desejos e ao melhor viver. A escolha dos valores é, também, o nascimento da ética e do trabalho. Em que consiste o valorar? Como nascem os valores? O nascimento dos valores passa pelo processo da emoção, do sentimento e da razão, cuja essência é expressa por meio das atitudes e crenças.

Em que consiste valorar? Podemos citar algumas ideias, com base em Weber (2001), que podem auxiliar a compreender o que seja valorar:

- Valorar é captar o valor do objeto ou da coisa escolhida. Implica uma ação, um fazer com base em preferir, selecionar, decidir e agir.
- O ato de escolher é *crisis*, se dá num sentido de mudança, porque realiza uma reparação: preferir este àquele permite que se valore a escolha.

- A valoração é crítica: envolve a razão (o pensamento) que faz a análise, um juízo para se chegar à verdade cognitiva.
- Os valores são apresentados e classificados em escala (por exemplo: os alunos escolhem 10 valores que julgam importantes para a vida na escola e fora dela. Eles são escolhidos, eleitos e colocados uma escala de 1 a 10) e, depois, hierarquizados (foram escolhidos 10 valores. A hierarquia significa ordená-los de 1 a 10 em ordem de importância, na qual se diz: o mais importante é o valor 1, depois o valor 2, assim até chegar no décimo) conforme a ação volitiva, determinada com base no componente racional e sensível – emoção e sentimento.
- Preferir é valorar; é o primeiro ensaio de liberdade.
- Logo, sem valoração, não há liberdade; portanto, não há valores. A liberdade é fundamental para a internalização de valores.
- Os valores existem de forma objetiva, subjetiva e interssubjetiva. Para que isto ocorra é preciso valorar.

Os valores existem, são apreendidos racionalmente, nem como capricho nem de forma arbitrária, mas submetidos às leis da lógica, do bom viver, da consciência livre e responsável, organizada hierarquicamente. Portanto, valorar é preferir, estimar, julgar digno, justo, para se agir bem na vida.

Os valores nascem por meio das vivências do dia a dia. Eles passam por um processo de apreensão antes que surjam e que sejam escolhidos pela pessoa. Evidentemente, o processo é importante na educação porque auxilia o educando na escolha dos valores. Enfatiza-se que há uma relação muito estreita entre emoção, sentimento, razão, atitude e crença que resultam no comportamento individual e social. Esse processo é indicado por Thums (2003) e ampliado por Weber (2001):

- EMOÇÃO – é um movimento inato com base no qual o corpo/mente expressa a sua relação com o objeto. É um movimento para fora do corpo visto, percebido e manifestado. É o primeiro passo na captação do valor, pois o sujeito se deixa tocar e impressionar pelos objetos (coisas, pessoas, fatos). A pessoa é como que tocada, empalmada por aquilo que é valioso, tal e como deveria ser. A emoção não é racional, mas emotiva, imbuída de atos de sentimentos, de tomadas de posição, de desejos de captação do valor. Como considerar a emoção na educação? Que elementos morais e éticos podem ser estabelecidos com a emoção? Dado o impulso inicial, vai-se para o sentimento.

- SENTIMENTO – a emoção é a primeira experiência, que agora é elevada a um nível cognitivo (conhecimento), não sendo mais apenas reflexo, mas consciência. É nesse contexto que os valores são percebidos, transmitidos, vividos e idealizados. Encontram-se em um mundo racional e emocional que, a cada instante, pelo sentimento, é aprimorado pelas vivências dos valores. Qual o papel que os sentimentos ocupam na educação? Os professores sabem lidar com os sentimentos dos alunos? De que maneira os sentimentos interferem na formação para o trabalho e na formação moral e ética? Qual a função da razão no nascimento dos valores?

- RAZÃO – o trabalho da razão é elaborar dinamicamente os valores dentro da estrutura mental de cada pessoa. A base da razão são os atributos emocionais e sentimentais, como, também, as atitudes de crenças para que se consiga elaborar os valores. Os valores constituem um dos elementos estruturais do conhecimento humano. A valoração é racional e só pode ser conhecida pela via racional. Assim, ao emitir juízos de valor, está se afirmando o valor, dando-se uma organização lógica e hierarquizada da vivência deste. A educação articula a emoção e o sentimento com base racional? Será que os educadores estimulam a compreensão racional dos valores? A ética é reflexão. Portanto, os valores devem ser tratados racionalmente, devem ser considerados fundamentais para a vivência destes na escola, pois são manifestados em forma de atitude e crença.

- ATITUDE – está ligada diretamente à estrutura cognitiva do ser humano. A atitude tem relação direta com a vivência dos valores. Por meio das atitudes, percebe-se o sistema de valores que cada pessoa elegeu. As crenças e os valores têm a sua origem no contexto de vida da família, da escola e da comunidade. Compreende-se a atitude como uma predisposição aprendida que dá ao indivíduo a capacidade de responder algo consistentemente, de modo favorável ou desfavorável a respeito de um determinado objeto social. Assim, a atitude apresenta três dimensões básicas: a predisposição, a aprendizagem e a resposta consistente favorável ou desfavorável. A atitude é aprendida pela pessoa à medida que se desenvolve e amadurece, por meio de sua interação com o meio social-físico em que vive. Que atitudes são exigidas pelas crianças ou jovens quando estudam na escola? As predisposições manifestadas pelos alunos são consideradas na aprendizagem de conteúdos e de convivência social?
- CRENÇA – é a extensão da atitude entendida em dois aspectos: primeiro, são as crenças assumidas pelo sujeito e, segundo, as crenças que o sujeito tem sobre algo. Isso muitas vezes pode dividir o sujeito, quando este toma uma atitude: o conflito entre os valores

assumidos e os valores propostos pelo meio social. As crenças envolvem ideias, conceitos, cultura, emoção, sentimento, pessoas, dinheiro, clubes de futebol etc. Você já viu um torcedor de determinado clube trocar de time por causa das derrotas? Um jogador de jogos de azar (loterias, jogo do bicho, sena, loto e tantos outros), embora saiba que ganhar uma loteria é quase impossível. Por que ele não desiste de jogar? Este não desiste por causa da crença que tem: "Um dia vou ganhar". As crenças são adquiridas empiricamente em face de situações especiais da vida ou de fatos sociais empolgantes que afetam a emoção, a razão e a atitude da pessoa.

Qual a importância do estudo dos valores para a vida? Conceituar ou definir o que é valor, segundo os parâmetros da ciência, que é medir e quantificar e calcular, é inviável. O valor é quase impossível de se conceituar, pois pertence aos conceitos supremos do ser e da existência. Exemplo: como se pode definir ou conceituar vida? Deus? Amor? Paz? Liberdade? Responsabilidade? São todos os valores que englobam a existência, o ser e a vida. O que se faz? O nascimento dos valores se dá por meio da emoção, transformados em sentimentos, valorados pela razão e transformados em atitudes e crenças. Valoriza-se tudo aquilo que faz parte das nossas crenças. Moral e eticamente, são vivências e essências. Os valores são a base da ética? Não se pode explicá-los, mas, sim, clarificar, mostrar o seu conteúdo. O que as pessoas necessitam são conteúdos de vivências. Qual o papel do professor e da escola no ensino dos valores? É o que veremos a seguir.

(10.2)
O professor: educador ético

É inerente à prática educativa que o professor seja ético. O professor, ao assumir o seu trabalho docente, conforme Freire (2008, p. 17), ao se referir "ao ato pedagógico", sustenta uma "ética inseparável da prática educativa". Na prática educativa, transparece a ética universal do ser humano, de sua natureza livre, inseparável da responsabilidade com a convivência humana.

Um professor pode ter, por exemplo, a crença de que é importante incrementar o conteúdo de determinada disciplina, por valores de saúde, respeito, conhecimento, paz, liberdade e responsabilidade social crítica em face do mundo competitivo em que se vive. Na sua prática educativa, o educador ensina valores com base de concepção de mundo, de pessoa, de trabalho e respeito ao próximo. No entanto, ele percebe que os alunos e até mesmo colegas julgam insignificante tal atitude de ensinar valores, além do conteúdo da disciplina. Diante desse dilema, algumas vezes predomina, com mais força, um tipo de crença: ora as crenças do professor, ora as dos alunos, ou, ainda, entre os valores percebidos, transmitidos, vividos e idealizados.

O professor, pela função que ocupa e papel que desempenha no processo educativo, precisa confiar e ser convicto de que quer ganhar pessoas como educador. É desastroso na escola quando as ideias não contribuem para a educação das crianças. Exemplo: quando um professor desrespeita o colega, quando desqualifica as suas ideias simplesmente porque não acredita em nada e, pior ainda, quando finge que aceita, só por aceitar. O verdadeiro professor não precisa impor nada quando ele é ético. Ele não precisa incitar nem impor os valores. O exemplo pessoal é eficaz para mostrar e clarificar os valores. Quem é o professor que está vivo na nossa memória? Ou, qual o professor que mais admiramos? Provavelmente é o professor humano. A expressão popular "O exemplo vale mais do que mil palavras" indica o professor que mais influenciou a vida de seus alunos. O educador deve mostrar os diversos caminhos, além de trilhar seu próprio caminho. Isso é ser ético. Durante o caminho, o professor mostra suas convicções, seus medos, suas angústias, sua compreensão de mundo, de valores e aquilo que julgar conveniente para uma aprendizagem ética. Sabe-se que, durante o processo educativo, seja na família, seja na escola, os méritos dos pais e dos professores serão reconhecidos com o passar do tempo. É preciso um tempo de amadurecimento, um tempo para a integração das experiências individuais, sociais e da proposta feita pelos educadores. No estabelecimento de uma empatia "professor e aluno", ocorrerá a comunicação dos valores que facilita uma aprendizagem eficaz e humana.

 O professor que tem consciência de sua missão permite ao educando a escolha dos valores. Favorece o encontro criança-valor, eleva a criança e a aproxima dos valores. A importância de uma educação em valores reside no papel do educador em orientar, mostrar e exemplificar os valores na convivência em sala de aula, como também em outros lugares. O professor ético cria situações favoráveis para desenvolver o ser do aluno. O ser tem como base os valores apreendidos por meio de escolhas, internalizados pela razão e expressos em atitudes e crenças na construção do sujeito autônomo livre e responsável.

(10.3)

O professor: educador para o trabalho

O educador que se propõe a dar uma boa educação estará cercando o seu aluno ou discípulo com o ideal humano. O professor prepara o aluno para a vida intelectual, afetiva, social e do trabalho, como trabalhador da educação que é. A educação é um trabalho específico de formação da pessoa para a vida. O trabalho faz parte da formação humana, para que as pessoas aprendam a sobreviver neste mundo. A humanidade precisa de trabalhadores capazes de transformar a natureza para o próprio bem, respeitando as dimensões bioéticas. O *homo faber* é um ser que trabalha. Como a escola está preparando os futuros trabalhadores? Será que ela consegue dar as verdadeiras dimensões do trabalho? Será que os professores têm consciência da dignidade do trabalho? Qual o sentido do trabalho hoje?

Os conflitos que tem origem no trabalho são muitos. Constata-se a exploração de mão de obra, seja infantil, seja adulta, a insatisfação com o próprio trabalho (quantos professores dizem "Estou cansado, não aguento mais os alunos", "Não sei mais o que fazer, os pais não ajudam"), o estresse como decorrência de excessivas atividades; enfim, por que se trabalha?

O trabalho passou a ser um fim em si mesmo. No mundo no qual se vive, as pessoas não trabalham mais para viver, mas vivem para trabalhar e conseguirem mais dinheiro. É a sobreposição do ter em detrimento do ser. Por isso o discurso cotidiano é saber como ganhar mais dinheiro. Melhor seria perguntar: Para que ganhar dinheiro? No fundo, as pessoas querem acumular riquezas, ter posses. Seja qual for a situação econômica, a grande maioria das pessoas, em suas próprias casas, têm excedentes de bens. Têm-se muitos objetos simplesmente por ter. Internalizou-se a cultura capitalista de acumular riquezas. É preciso restabelecer o sentido e o significado do trabalho.

Na escola, ao se fazer um trabalho como atividade acadêmica, sobretudo no nível superior, normalmente surge a seguinte pergunta: "Quanto vale o trabalho?". O trabalho ao qual é atribuída uma nota (um valor) é realizado sem maiores problemas. Quando o professor aplica um exercício de aprendizagem, poucos o fazem. Onde está a origem desse problema? Provavelmente na educação familiar e escolar, sobretudo, nas séries iniciais. Desde as primeiras atividades escolares, como postura moral e ética, o professor deveria mostrar que todos os trabalhos realizados têm a finalidade de aprendizado para a vida. O aprender a fazer é um trabalho que tem um sentido além do simplesmente fazer e ser avaliado com uma nota. Assim, como o trabalho do professor não traz resultados imediatos, mas a médio e a longo prazo, o aluno poderia compreender que é mais importante estudar/aprender do que o valor atribuído como recompensa do trabalho realizado.

O professor tem a incumbência de ampliar o que se faz. O trabalho é uma dessas dimensões. Educar para a ação social, consciente e responsável. A ética do trabalho consiste em um comprometimento com o presente e o futuro da humanidade, que se faz por meio do trabalho. Consiste, ainda, em suplantar o modelo de trabalho existente, egoísta, do possuir no qual a grande maioria das pessoas são escravas desse processo. Urge, portanto, uma educação em valores.

(10.4)
Proposta de educar em valores

A educação se constitui numa técnica para conseguir uma escolha adequada dos valores. O educador exerce a função de auxiliar o educando na apreensão dos valores.

Aconselhar, propor, sugerir uma vida ética envolve astúcia! As pessoas se orientam pelas ideias. Educar é gerenciar ideias, possibilidade e oportunidade de humanizar a vida. Aprender a viver com gratificação e alegria é bom, prazeroso e belo. Nesse sentido, assim como feito no Capítulo 5 desta obra, baseamo-nos em Thums (2003, p. 347), que diz que é "preciso desenvolver o gosto pela vida, pelo viver a vida, pelo desejo de ser melhor".

A educação tem como fim auxiliar as pessoas a amadurecerem um sistema de valores. Consiste basicamente em considerar as experiências de vida de cada criança ou jovem e, com base nestas, ampliar a visão das coisas, do mundo, das pessoas, da sociedade, dos outros e, sobretudo, de si mesmo. A seguir, apresentamos duas propostas de estudo de valores, com base em Weber (2001):

1. PRIMEIRA PROPOSTA – dinâmica de grupo.
    - Primeiro passo: solicite que cada aluno escreva ou faça uma lista de 5 coisas de que gosta, sendo o número um o mais importante, até o quinto como o menos importante (não fale ainda em valores, pois isso pode prejudicar a dinâmica). Simplesmente peça que os alunos listem 5 coisas que admiram ou que gostam.
    - Segundo passo: relatório em grupo. Cada pessoa/aluno justifica ou diz porque escolheu esta coisa ou valor; porque colocou os valores nessa ordem e justificar a escolha.

- Terceiro passo: fazer uma escala de valores, ou seja, fazer a lista dos valores.
- Quarto passo: se aplicados para esse grupo, fazer uma HIERARQUIA DE VALORES, discutindo qual deveria ser o primeiro, depois o segundo, terceiro e assim sucessivamente, até chegar ao último valor da hierarquia.

2. SEGUNDA PROPOSTA – estudar quatro dimensões de valores percebidos, transmitidos, vividos e idealizados.
    - Primeiro passo: explicar o que se entende por cada dimensão, conforme segue:
        - Percebido: recebido, notado, interpretado, que vem de fora, dos outros;
        - Transmitido: colocado para fora, contextualizado de forma oral, escrito, comunicado e vivido;
        - Vivido: vivenciado como um todo, no dia a dia, com os outros e consigo;
        - Idealizado: no sentido prospectivo, projetado para um futuro ideal, uma utopia, uma possibilidade de realização.
    - Segundo passo: fazer as seguintes perguntas para o grupo escolhido (colegas, professores, pais ou amigos).
        - Quais são os valores que você percebe nos seus colegas, professores, pais, diretores ou amigos? (se for num ambiente específico, indique-o na pergunta);
        - Que valores você transmite para seus colegas, professores, pais, diretores ou amigos?;
        - Que valores você vive no dia a dia na escola, em casa ou na sociedade?;
        - Que valores você idealiza como significativos ou importantes para serem utilizados na vivência escolar ou social?

As respostas das propostas A e B podem ser organizadas em seis categorias: VALORES ECONÔMICOS, TEÓRICOS, SOCIAIS, POLÍTICOS, RELIGIOSOS e ESTÉTICOS. A distribuição dentro dessas categorias permite perceber a totalidade das vivências de valores dos indivíduos/alunos.

A conclusão dessas atividades pode ser feita da seguinte maneira: como os valores não podem ser definidos, utilizam-se critérios que possam auxiliar a dizer se são valores ou não. Os critérios que seguem não são definitivos, eles apenas auxiliam a compreender os valores. Podem-se utilizar os seguintes critérios:

- estar determinado a afirmá-lo publicamente;
- considerá-lo como um elemento do qual se orgulha;
- deve ele (o valor) ser consistente, repetido e integrado na vida;
- ser escolhido a partir de alternativas;
- basear-se em livre escolha;
- ser mais meditado, pensado, do que inesperado;
- você deve AGIR com ele.

Para que servem os valores? Os valores, ao serem identificados e assimilados a partir das vivências pessoais, com a participação dos educadores, tornam-se a chave para compreensão mais profunda dos anseios dos alunos. Idealiza-se, assim, que os valores dos educadores, alunos e diretores estejam congruentes com as necessidades dos alunos e exigências do mundo atual. Servem como padrões de conduta, orientam as atividades humanas, dão consistência na vida pessoal e social, enfim, representam o núcleo central para compreender o dinamismo funcional de cada pessoa como um ser livre e responsável para uma vida boa.

Indicações culturais

THUMS, J. Axiologia pedagógica. In: _____. *Ética na educação*. Canoas: Ed. da Ulbra, 2003.

O estudo dos valores em educação é fundamental para que o aluno possa escolher ou eleger aqueles que emocional e racionalmente são os mais importantes para a sua vida. Por isso, recomendamos a leitura desse capítulo.

WEBER, O. J. *Estudo dos valores declarados na relação docente*. Salamanca: Universidade Pontifícia de Salamanca, 2001.

A primeira parte apresenta uma busca de compreensão de valores. Os valores têm uma base filosófica e psicológica. Eles derivam da lógica do viver, da concepção que se tem de si, do outro e do mundo. Os valores são ensinados durante a convivência e a atividade escolar. Para ser professor, é necessário ter um conhecimento sobre valores.

Atividades

1. Quem é o professor que está vivo na nossa memória? Ou qual o professor que mais admiramos?
2. Faça a DINÂMICA A, citada na Seção 10.4, e aplique os critérios para poder classificar se são ou não são valores.

Considerações finais

O objetivo desta obra, *Ética, educação e trabalho*, consiste em oferecer aos leitores um conteúdo que sirva como referência no auxílio do desenvolvimento do ser humano. O mundo técnico-científico desconsiderou o humano, a formação da pessoa em que se refere no sentido de sua existência no mundo. Evidenciou-se o ter, o fazer em detrimento da transcendência do ser individual e social.

O ser humano, ao ingressar no mundo, para participar dele, precisa aprender tudo. Desde a moldagem dos instintos para chegar a um grau elevado de consciência do seu estar no mundo. Entre as múltiplas aprendizagens que se precisa para sobreviver, além do fazer técnico e profissional, está aquela que qualifica o seu *ser aprender* a ser ético. Assim, os profissionais de educação precisam mostrar a necessidade de tornar equilibradas as ações que as pessoas desenvolvem enquanto vivem. A intenção é estimular o exercício pedagógico pautado em conteúdos que qualificam o trabalho educacional.

Muitos professores apresentam dificuldades para lidar com os conceitos que implicam uma formação humana de visão ampla de mundo, de pessoa, de ética, de trabalho, de ciência, de linguagem, ou seja, carecem de fundamentos de compreensão ética. O desenvolvimento deste livro foi concebido dentro dessa lógica, para encorajar os educadores que podem construir uma obra mais completa possível na formação do ser humano. A ética é ensinada e a simples presença do professor já transpira a ética, pois este acredita em suas atitudes no exercício pedagógico.

Muitas vezes, culpa-se o mundo, os meios de comunicação e os outros pelos desastres e fracassos de não aprendizagem ou até de indivíduos desequilibrados. Mencionou-se, no desenvolvimento dos capítulos, que não se deve esperar por soluções mágicas de mudanças. A mudança começa quando a pessoa apresenta a sua revolta em relação àquilo que pode ser diferente, quando tem uma contribuição a dar e quando ela mesma é o agente de transformação. A persistência em querer contribuir é atitude e crença que o mundo poderá ser melhor e que as pessoas podem se realizar por meio da conquista de valores.

A ética é uma ciência teórica que tem como base a moral prática. Educadores, não esperem ver resultados imediatos. Têm-se muitos anos para viver, espera-se! Os pais e os professores sonham que os filhos cresçam com sabedoria, sobriedade e que sejam brilhantes na vida. É um sonho plausível e real, embora os adultos, sejam pais, sejam educadores, estejam bastantes perdidos na tarefa de educar. Importa, sim, utilizar a inteligência para promover a emoção, o sentimento e a razão para abrir os horizontes em busca de qualidade de vida.

Não é preciso ser um herói educador nem um herói trabalhador. A ética ensina que é uma arte educar para a vida, ato complexo, pois envolve vida, crença no futuro e semear sabedoria com paciência. A reciprocidade de alunos e professores, como os sujeitos da ética, da educação e do trabalho, implica um respeito mútuo. Ao haver o respeito mútuo, existe a possibilidade de os estudantes desafiarem regras, ideias e professores e com a mesma liberdade, expressarem as suas condutas e crenças na construção de uma pessoa feliz e, consequentemente, um mundo melhor.

A ansiedade por uma vida melhor implica percorrer o caminho dos valores. A escola precisa trabalhar os valores válidos para o nosso tempo, questionar os valores vigentes e as valorações do cotidiano para implementar novas posturas na educação atual em vista de um futuro humano. É preciso considerar que não é suficiente educar apenas para o presente momento; seria como que esvaziar o sentido da vida; deve-se educar para a vida presente com a perspectiva de futuro.

Se o mundo está carente de ética, igualmente a escola está carente de reflexões éticas e de valores. Onde está a alma ou o anímico do fazer pedagógico? A ética precisa ser trabalhada nas escolas por parte do professor que gosta de ensinar e por parte do aluno que gosta de aprender. A ética se guia por princípios. O princípio fundamental é o pensar, ou seja, a reflexão. Toda a atividade pedagógica deve vir acompanhada pelo pensar uma vez, duas vezes, ou mais vezes, até que se aprimore a essência da vida. A educação, ao se caracterizar como ética, é um posicionar e um reposicionar durante toda a vida. Educar é semear com sabedoria e colher com paciência.

Referências

ARNOLD, W.; EYSENCK, H. J.; MEILI, R. *Dicionário de psicologia*. São Paulo: Loyola, 1982. v. 3.

BOFF, L. *Ética e moral*: a busca dos fundamentos. Petrópolis: Vozes, 2003.

BRASIL. Lei n. 10.406, de 10 de janeiro de 2002. *Diário Oficial da União*, Brasília, DF, 10 jan. 2002. Disponível em: <http://www.planalto.gov.br/ccivil_03/LEIS/2002/L10406.htm>. Acesso em: 14 nov. 2008.

CABRAL, C. A. *Filosofia*. São Paulo: Pilares, 2006.

CLOTET, J.; FEIJÓ, A.; OLIVEIRA, M. G. de. *Bioética*: uma visão panorâmica. Porto Alegre: Edipucrs, 2005.

COSTA, V. P. da. O "Daimon" de Sócrates: conselho divino ou reflexão? *Cadernos de Atas da Anpof*, Porto Alegre, n. 1, 2001.

CURY, A. J. *Pais brilhantes, professores fascinantes*. Rio de Janeiro: Sextante, 2003.

DARWIN, C. *A expressão das emoções nos homens e nos animais*. São Paulo: Companhia das Letras, 2000.

DEVRIES, R.; ZAN, B. *A ética na educação infantil*: o ambiente sócio-moral na escola. Porto Alegre: Artmed, 1998.

FREIRE, P. *Pedagogia da autonomia*. 37. ed. São Paulo: Paz e Terra, 2008.

GUARESCHI, P. *Sociologia crítica*. 49. ed. Porto Alegre: Mundo Jovem, 2000.

HELLER, V.; NOTAKER, H.; GAARNER, J. *O livro das religiões*. 2. ed. São Paulo: Companhia das Letras, 2000.

JOÃO PAULO II, Papa. *Sobre o trabalho humano*. Petrópolis: Vozes, 1981.

JUNGES, R. J. *Bioética*: perspectivas e desafios. São Leopoldo: Ed. da Unisinos, 2005.

KUIAVA, E. Ciência e ética. In: LAZZAROTTO, V. A. (Org.). *Teoria da ciência*: diálogo com cientistas. Caxias do Sul: Ed. da UCS, 1996.

LEITE, F. Opinião de Lula sobre o fumo gera crítica no governo. *O Estado de São Paulo*, 5 set. 2008. Disponível em: <http://www.estadao.com.br/estadaodehoje/20080905/not_imp236648,0.php>. Acesso em: 17 mar. 2009.

MAY, R. *O homem à procura de si mesmo*. 30. ed. Petrópolis: Vozes, 2004.

NOVAES, A. (Org.). *Ética*. São Paulo: Companhia das Letras, 2007.

OGUISSO, T.; ZOBOLI, E. *Ética e bioética*: desafios para a enfermagem e a saúde. Barueri: Manole, 2006.

OLIVEIRA, M. A. de (Org.). *Correntes fundamentais da ética contemporânea*. 2. ed. Petrópolis: Vozes, 2001.

PAULO VI, Papa. Concílio Vaticano II. *Declaração dignitatis humanae sobre a liberdade religiosa*. 1965. Disponível em: <http://www.vatican.va/archive/hist_councils/ii_vatican_council/documents/vat-ii_decl_19651207_dignitatis-humanae_po.html>. Acesso em: 3 mar. 2009.

PENA-VEJA, A.; ALMEIDA, C. R. S.; PETRAGLIA, I. (Org.). *Edgar Morin*: ética, cultura e educação. 3. ed. São Paulo: Cortez, 2008.

PESSINI, L.; BARCHIFONTAINE, C. P. de (Org.). *Fundamentos da bioética*. São Paulo: Paulus, 1996.

PLATÃO. *Diálogos; Eutífron ou da religiosidade; Apologia de Sócrates; Críton ou do dever; Fédon ou da alma*. São Paulo: Nova Cultural, 1999. (Coleção Os Pensadores).

POPPER, K. R. *Em busca de um mundo melhor*. Lisboa: Fragmentos, 1989.

POPPER, K. R.; ECCLES, J. *O eu e seu cérebro*. Campinas: Papirus, 1991.

SAVATER, F. *Las preguntas de la vida*. 5. ed. Barcelona: Ariel, 1999.

_____. *Ética para meu filho*. São Paulo: M. Fontes, 2002.

SUNG, J. M.; SILVA, J. C. da. *Conversando sobre ética e sociedade*. 14. ed. Petrópolis: Vozes, 2007.

THUMS, J. *Ética na educação*. Canoas: Ed. da Ulbra, 2003.

VÁZQUEZ, A. S. *Ética*. Rio de Janeiro: Civilização Brasileira, 1990.

VIEIRA, A. *Sermões escolhidos*. São Paulo: Edameris, 1965. v. 1. Disponível em: <http://www.scribd.com/doc/3237688/Sermao-da-Quinta-Dominga-da-Quaresma>. Acesso em: 11 dez. 2008.

WEBER, O. J. Ciência: perspectiva e exigência de futuro. In: JOHANN, J. R. *Introdução ao método científico*. 2. ed. Canoas: Ed. da Ulbra, 1998.

_____. *Estudo dos valores declarados na relação docente*: professores da Universidade Luterana do Brasil. 2001. 305 f. Tese (Doutorado em Educação) – Universidade Pontifícia de Salamanca, Salamanca, 2001.

Gabarito

Capítulo 1
1. Resposta pessoal.
2. O passado, o presente e o futuro foram reduzidos ao "aqui" e "agora"; o "aqui" é transformado em espaço virtual e o "agora", em tempo virtual.
3. Resposta pessoal.
4. Resposta pessoal.

Capítulo 2
1. Resposta pessoal.
2. Resposta pessoal.
3. O papel do educador é orientar, mostrar, exemplificar atitudes éticas.
4. Resposta pessoal.
5. Resposta pessoal.

Capítulo 3
1. No conteúdo do capítulo, você poderá encontrar definições, semelhanças e diferenças entre a moral e a ética, mas pode começar sua resposta da seguinte forma: a moral se apoia naquilo que a comunidade concebe como valor. Ela acontece de forma espontânea, voluntária, pois possui um valor para o indivíduo e para a comunidade que ele representa. Nesse sentido, a moral auxilia e regula as relações entre as pessoas. Postula-se, assim, uma "conduta obrigatória". Já a ética tem uma abrangência maior do que a moral. Num primeiro sentido, *ética* significa "morada humana", "modo de ser", "caráter e perfil de uma pessoa". Essas características revelam que o ser humano é administrado de dentro para fora.
2. Resposta pessoal.

3. Existem várias situações que podem ser utilizadas para a aprendizagem da ética. Uma delas é mostrar e exemplificar os valores em sala de aula.
4. O professor ético cria situações favoráveis para desenvolver o ser do aluno. O ser tem como base os valores apreendidos com base em escolhas, internalizados pela razão e expressos em atitudes e crenças na construção do sujeito autônomo, livre e responsável.
5. Análise pessoal.

Capítulo 4
1. Conforme a Figura 4.1, a ética ocupa o lugar central entre as ciências, sejam elas formais, empíricas ou hermenêuticas.
2. Você pode partir da seguinte afirmação para a sua resposta: Com base no conhecimento produzido, a ética se posiciona como uma atitude crítica e reflexiva sobre o que convém ou não.
3. Resposta pessoal.
4. Resposta pessoal.

Capítulo 5
1. Resposta pessoal.
2. Resposta pessoal.
3. Resposta pessoal.
4. Resposta pessoal.

Capítulo 6
1. Resposta pessoal.
2. Resposta pessoal.
3. Análise pessoal.
4. Análise pessoal.
5. Resposta pessoal.

Capítulo 7
1. Análise pessoal.
2. Resposta pessoal.
3. Análise pessoal.

Capítulo 8
1. Resposta pessoal.
2. No capítulo estão descritos os trabalhos objetivo e subjetivo. Leia novamente o texto e identifique, na profissão de professor, quais são as atividades que podem ser consideradas objetivas.
3. No capítulo estão descritos os trabalhos objetivo e subjetivo. Leia novamente o texto e identifique na profissão de professor quais são as atividades que podem ser consideradas subjetivas.
4. Resposta pessoal.
5. Resposta pessoal.

Capítulo 9
1. Pena-Veja, Almeida e Petraglia (2008, p. 23) respondem à questão explicando por que nos comunicamos: "para informar, para nos informarmos, para conhecer, para, eventualmente, nos conhecermos, para explicar, para nos explicarmos, para compreender e nos compreendermos". A citação nos estimula a pensar que a comunicação implica informação e conhecimento, explicação e compreensão – elementos fundamentais para a compreensão da linguagem ética. Assim, podemos afirmar que a informação é a base da comunicação e vice-versa.
2. Resposta pessoal.
3. Análise pessoal.
4. Análise pessoal.
5. Você pode partir da seguinte afirmação para construir sua resposta: A ética se manifesta, inicialmente, no discurso e, depois, no fazer pedagógico com uma visão de mundo e de pessoa coerente com as conquistas da ciência em todas as áreas. O educador-professor é que lida diretamente com os alunos. A linguagem dele é fundamental na formação do aluno. Ela precisa ser essencialmente ética, englobando a possibilidade de ser, do *viver ser*.

Capítulo 10
1. Resposta pessoal.
2. Análise pessoal.

Este produto é feito de material proveniente de florestas bem manejadas certificadas FSC® e de outras fontes controladas.

MISTO
Papel produzido a partir de fontes responsáveis
FSC® C107644

Impressão: Gráfica Mona
Março/2019